O CORPO DA MUDANÇA

USANDO O SEU CORPO PARA CURAR, AMAR E SE EMPODERAR

DR. LISA COONEY

O CORPO DA MUDANÇA

DR. LISA COONEY

FOREWORD BY LAURA LANE

USANDO O SEU
CORPO PARA
CURAR, AMAR E
SE EMPODERAR

"Posso sonhar demasiado longe na minha vida, mas todos nós precisamos de grandes objetivos ou, realmente, de que adianta? Todo o mundo necessita aspirar viver uma vida fora do comum."
Anne McKevitt

Ou como meu pai me disse, é TUDO ou nada!

DEDICATÓRIA

Este livro é para o corpo. O ser altruísta que nos acompanha até ao último suspiro. Para todos os corpos que ignoramos e por todos os corpos que olvidamos. Que as palavras saltem da página e readquiram a parceria incrível entre você e o seu corpo, e que as dádivas olvidadas sejam relembradas.

LOUVORES À DR.ª LISA COONEY

A Dr.ª Lisa revolucionou completamente a forma como percepciono as minhas emoções e contextualizo as minhas experiências. Ela surgiu no meu mundo num momento crucial de transição, e o nosso trabalho teve um efeito positivo no meu casamento, na minha família e na minha Maternidade. Eu sou e sempre fui uma buscadora de tudo o que é autoaperfeiçoamento, e o seu trabalho mistura o científico e o espiritual de uma forma bela. Eu recomendei e continuarei a recomendar a Dr.ª Lisa a inúmeros familiares e amigos em todas as fases da vida.

— CAROLINE JONES, CANTORA,
COMPOSITORA, MÚSICA

A Dr.ª Lisa tem um dom incrível. Ela vai ao encontro de onde você está emocionalmente e energicamente. Após o nosso primeiro encontro, parte do meu mundo ruiu.

Fazia parte do processo de realinhamento e de mudança para um eu melhor. Ela me ajuda a encontrar ferramentas para lidar com o que me surge e está profundamente enraizado. Necessito de todas as ferramentas que posso arranjar. Ela é experiente nisto. Estou grato por a ter como aliada para aquilo que pode ser explicada e para o que não pode.

— ZAC BROWN, FUNDADOR E CEO DA ZAC
BROWN BAND

Após uma sessão catártica com a Dr.ª Lisa Cooney, notei uma mudança notável em como me sentia no meu corpo. Espero que este livro ajude muitas mais pessoas que podem se estar sentindo desconectadas a seguir o seu caminho de volta para si mesmas.

— GWYNETH PALTROW, FUNDADORA E
CEO DA GOOP

PART I

O CORPO DA MUDANÇA

PREFÁCIO

Lembro-me da primeira vez que li acerca da Dr.ª Lisa Cooney num newsletter da GOOP. A Gwyneth Paltrow tinha realizado recentemente uma sessão de ZOOM com a Dr.ª Cooney por recomendação de um amigo. Eu estava cética, imaginando como poderia funcionar pela internet. Não que eu tivesse particularmente crenças fundamentais profundas acerca de nada disso, mas estar pessoalmente parecia intuitivamente que precisava fazer parte do processo. A Gwyneth concordou e foi à sessão com um ceticismo mensurado, somente para descrever ter tido uma experiência transformadora. Pensei na experiência dela durante semanas.

Pouco tempo depois, diagnosticaram à minha cachorra câncer de pulmão e achavam que só teria apenas mais um a três meses de vida. Eu criei essa cachorrinha desde as oito semanas de vida e dizia brincando sempre que ela era a versão canina de mim, como a filha que eu nunca tive. Os médicos não achavam que a quimioterapia funcionaria, dado o quão longe a sua doença havia progredido, mas disseram que poderíamos tentar de qualquer forma. Por um capricho, também entrei em contato com a Dr.ª Cooney para me ajudar a superar o meu luto. Durante a nossa chamada, ela pediu para que eu e o meu marido nos sentássemos com a nossa cachorra. Ela olhou para nós e eu nunca vou esquecer o que ela disse, "Você não está pronta para ir, pois não?" Continuamos com a sessão onde mal me lembro do que ela referiu; ela estava cantando e falando tão rápido. Já se passaram dois anos, e a minha cachorra está bastante animada. Os médicos não conseguem explicar como o seu câncer praticamente desapareceu. Eles dizem que nunca viram nada semelhante em nenhum dos seus casos.

Recentemente, a minha mãe estava extremamente doente e ligada a um ventilador na UTI. Os médicos nos prepararam para o suporte de vida, pois ela estava declinando rapidamente. Pensei que nunca mais falaria com minha mãe, portanto, contatei a Dr.ª Cooney mais uma vez. Ela me deu instruções de como estar presente no hospital e mais uma vez fez a sua cura ao longe. No dia seguinte, minha mãe parou de piorar e começou a melhorar. Na semana a seguir vou visitar minha mãe pois ela faz anos. Conversamos por telefone ontem à noite e ela riu dos meus filhos.

Em todos os casos, os médicos ficaram atônitos com a recuperação milagrosa. Sou cética em relação a acontecimentos que não podem ser explicados logicamente e conceitos que não compreendo totalmente. Mas, como ser humano que vive neste belo e vasto universo, acredito de coração que algumas coisas na vida simplesmente não podem ser explicadas; que não entendemos tudo. Foram coincidências? Nunca saberei. Nunca vou entender completamente as aptidões da Dr.ª Cooney e como elas funcionam, mas estou espantada com o que vi e o profundo impacto que teve na minha vida. Obrigado.

Laura Lane, escritora e jornalista

VIAGEM À POSSIBILIDADE

"Não desvie a sua atenção para outro lugar em sua busca da Verdade, pois ela não pode ser encontrada em nenhum outro lugar que não no interior do seu corpo."

— *ECKHART TOLLE*

Eu não me estava sentindo bem. Fui ao computador, fechei os olhos e disse: "Corpo, fale comigo". Quando dei por mim, abri os meus olhos e lágrimas estavam rolando pelas minhas bochechas, e eu estava olhando para as palavras "Você me está matando" na tela.

Naquele dia, a vida – a *minha* vida – mudou. Foi o início de uma relação diferente com o meu corpo, que não só mudou fisicamente o meu corpo, mas mudou a minha vida conforme eu a conhecia. Não que tenha sido fácil. O trabalho pessoal nunca é. Mas a parte mais difícil foi mudar os meus relacionamentos, com *tudo*.

Tudo começou com a decisão de descobrir *o que* me estava "matando", qual parte de mim e por quê. Comecei a usar todas as ferramentas e técnicas que tinha ao meu dispor como psicoterapeuta, certificada Theta Healer™, facilitadora certificada de Access Consciousness®, e outras certificações que adquiri ao longo da minha carreira. Eventualmente, descobri que tinha um dom, de realizar processos profundamente transformadores e desenvolvi ferramentas para a descoberta e a mudança, o chamado método ROAR®. Viver uma **R**ealidade **O**rgasmicamente **A**nimada **R**adicalmente é escolher a possibilidade em vez do problema, com uma ação ou crença de cada vez.

Como resultado desse trabalho, a minha vida atualmente é uma vida completamente diferente do que eu jamais pensei que poderia, ou seria, capaz de criar. O peso emocional disfarçado de peso físico extra – cinquenta quilos a mais – que eu carregava por aí simplesmente derreteu e desapareceu quando escolhi mudar. Numa cultura que se foca nas dietas da moda passageiras, é uma revelação de que deixar de lado limitações e dúvidas acerca de si pode muitas vezes ser um fator de mudança muito mais rápido do corpo para o corpo que você gostaria de ser. E à medida que o meu corpo mudava, *eu* mudava de dentro para fora. Problemas de longa data começaram a se dissolver e solucionar.

Sempre que você explora as suas questões da perspectiva da sabedoria corporal, isso abre um novo mundo de diálogo fornecendo novas formas de você avançar em direção ao que você deseja. Essa é a premissa do livro inteiro: como você se pode conectar consigo, através do seu corpo, e acessar ao seu maior propósito e viver a sua melhor vida.

O objetivo deste livro é ajudar a que você descubra os benefícios de 1) estabelecer uma amizade e escutar o seu corpo e 2) aprender a escolher do seu corpo, permitindo que a sua mente o consulte cooperativamente. Pois quando você muda de "dentro para fora", o seu "de fora para dentro" também mudará para se alinhar com o que deseja. Quanto mais você experiencia isso, mas você entende como é que a falta de consciência cria o *desconforto* fisiológico e a *desarmonia* dentro do seu corpo e dentro da sua vida em geral. Esse estado de ser impede a consciência de que o verdadeiro propósito do seu corpo como organismo é direcionar a mudança energética não meramente em você, mas também nos outros. É mais do que o fato de que o que você profere para si, é o que você está mostrando ao mundo como um corpo. É verdade, claro. Mas a minha intenção aqui é falar de algo diferente acerca dos corpos e do seu potencial tanto como curador como empático.

No meu trabalho com clientes do mundo inteiro, reconheci que estar presente no meu corpo toca as pessoas de forma profunda. Pode ter um impacto que a maior parte de nós não tem palavras para descrever. Não nos ensinam em casa ou na escola que existe uma consciência universal que podemos acessar que nos permite usar o nosso corpo para informar o nosso ser. Isso é a *presença* – o estado uno. E nesse estado, os nossos corpos são capazes de bastante mais do que achamos que possam ser.

1

A IMPRESSÃO DA SUA ALMA – A SUA ASSINATURA ESPIRITUAL ÚNICA

"Embarcar no surgimento da impressão da alma é o caminho para a plenitude, amor e alegria, em nós próprios e com os outros."

— *PSARIS & LYONS*

A minha avó foi a personificação do amor incondicional e a única graça salvadora na minha infância. Ela era uma católica, italiana de palmo e meio e um poço de energia. Ela própria havia passado por imensas dificuldades e dores. Como caçula da família de treze anos, ela não teve educação para além do ensino fundamental. O seu próprio pai era um homem extremamente violento que acabou assassinando a sua mãe. Ela o chamava de "Gestapo". Mas, apesar da sua história, ela deu imenso. Olhando para trás, ela me ensinou que o que quer que alguém tenha passado, ainda pode ser a personificação do amor incondicional. Ela foi a minha maior professora.

Tendo sofrido abusos sexuais, emocionais e físicos substanciais durante a minha infância inteira, ela era a única pessoa com quem me sentia confortável em ter contato físico. Quando morreu, ela deixou o seu legado. A minha avó influenciou a minha decisão de fazer tudo de uma maneira diferente: escolher o melhor possível para ser gentil e contribuir, não importa o que estivesse acontecendo no meu mundo. Pode ser necessário haver uma força ou uma firmeza nessa gentileza, mas é um espaço de amor por causa do que ela me ensinou. *Lidere com o coração*. Isso me levou ao corpo.

E havia outro fato que a minha avó me ensinou que ia além de saber como amar incondicionalmente – ela me ensinou o que era a minha alma.

Estávamos sentadas na Missa, um dos meus lugares favoritos para estar com ela. Ela sabia e falava cada palavra em voz alta, e naquele dia eu a ouvi dizer: "A alma e eu seremos curados".

Eu congelei, o meu coração estava palpitando e, naquele momento, eu sabia que o meu trabalho teria algo a ver com o espírito ou a alma. Eu senti isso em cada fibra do meu ser... pois o meu corpo falava comigo, e eu e o meu corpo acordamos!

A IMPRESSÃO DA SUA ALMA

"A impressão da sua alma é a sua assinatura espiritual. É o contorno e o conteúdo da sua alma – o seu caráter.

É mais específico para você, e só você, do que a caligrafia do seu nome rabiscada num cheque ou numa carta.

É ainda mais singular para você do que os seus genes e cromossomos."

— M. GAFNI

Como ser humano, você tem uma impressão da alma, um espírito Divino que está sempre chamando você para um caminho mais elevado de realização. Não importa o quão longe você se afasta desse caminho, ou quão doente ou desconectado ou desconectada você se torna. A impressão da sua alma sempre o ou a chamará de volta, e ela usa o seu corpo para o fazer. Mesmo que o abuso precoce tenha me levado a me desligar e fazer check-out para me proteger a mim própria durante a maior parte da minha infância, havia sempre um outro lado de mim adormecido. Durante vários pontos da minha jornada de cura, ele emergia como se me lembrasse que estava pacientemente aguardando pela minha consciência.

Imensas pessoas com quem trabalho que superaram o abuso muitas vezes são capazes de reconhecer, a partir do seu lugar de cura, que sempre tiveram consciência que uma parte delas que não se expressava, outro lado que de alguma forma conheciam como a sua verdade o tempo todo. Na minha vida atual, eu atuo de forma mais consistente a partir deste lugar. Você pode ter experienciado algo semelhante – momentos de consciência ou percepção onde você vê tudo pelo que é além da sua realidade atual.

Esse aspecto de si – a impressão da sua alma – é inteiramente exclusivo de você. É a sua própria assinatura. E é seu trabalho, o seu *único* trabalho, permitir que ela deixe a sua impressão. Você faz isso ampliando o seu pensamento limitado de si, que serve para iluminar a sua assinatura espiritual no mundo. Se você deixar, o seu corpo vai ajudar a que você faça isso.

PSICOLOGIA DA ALMA

"Não há nada na psicoterapia que comece com o padrão básico e perfeito do homem... Esse padrão está aí..."

— *RAYMOND CHARLES BARKER*

Como profissional, tenho a experiência de que a psicologia tradicional não tem as ferramentas certas para ajudar as pessoas a alcançarem o eu da alma pelo qual estão buscando. Certamente não aconteceu comigo. Estamos todos em busca do sentimento de totalidade, seja sós ou com outro ser humano. Mas o que é esse sentimento aparentemente esquivo? Ele pode ser descrito de várias formas: energia, conexão, calor, abertura, expansão, vitalidade. Eu o chamo de *vivacidade radical*.

Quando você perde o contato com a sua verdadeira essência e passa sendo escravo ou escrava de funções, comportamentos e mentalidades inflexíveis, você sofre. Você se aliena do seu lugar de verdade e autenticidade. Felizmente, através da mudança e transformação pessoal, você se pode liberar dos aspectos restritos e limitantes da sua criação e condicionamento precoce.

Cada nuance, evento, imagem e incidente da sua vida é uma fonte de informações psicológicas e espirituais vitais, e essas informações são acessíveis a você pois estão armazenadas no seu corpo. Assim que você estiver em sintonia com esse aspecto da alma, ele lhe dará a orientação exata de que você necessita para a evolução da sua alma e para viver a sua vivacidade radical.

VIVER A SUA VIVACIDADE RADICAL

"Acho que o que estamos realmente buscando é a sensação de estarmos vivos, para que as nossas experiências de vida no plano puramente físico ressoem dentro do nosso ser mais íntimo e realidade, para que possamos realmente sentir o arrebatamento de estarmos vivos."

— *JOSEPH CAMPBELL*

A oportunidade de estarmos radicalmente vivos está em cada um de nós. Ao longo dos anos, usei e desenvolvi ferramentas e técnicas para ajudar as pessoas a fazerem exatamente isso. É o que eu chamo de viver a sua ROAR® – a sua Realidade Orgasmicamente

Animada Radicalmente. Para chegar lá, porém, você provavelmente terá de perder algum peso. Se você for como eu, isso pode ser bastante literal, mas eu me estou referindo expressamente a bagagem mental e emocional. De qualquer forma, isso significará se reconectar com a sua alma através da sabedoria inata do seu corpo.

Como o pode fazer? Você começa tocando o poder de cura dentro de si. Para que a música divina da vida seja tocada através de você, o ego terá de ficar em segundo plano. Todas essas ideias e crenças fixas que você vem acumulando desde o momento em que foi concebido ou concebida têm de desaparecer para que a sua energia se possa alinhar com a sua consciência superior.

Isso parece um objetivo impossível? Sim, pois não é realmente um objetivo. É um *processo* que eu descobri no meu trabalho que se resume a um conceito simples: amar *você* de dentro para fora e ser um grande amigo ou amiga para si, pois você deseja ser algo diferente. O seu eu real, oculto debaixo do seu ego e modo de sobrevivência, está ativando intrinsecamente estratégias de sobrevivência inconscientemente.

O SEGREDO ESTÁ NA INTELIGÊNCIA DO SEU CORPO

"Veja, enquanto ainda somos os mesmos por dentro, qo nível dos nossos pensamentos, crenças, padrões, e emoções, simplesmente não alcançamos a transformação no sentido mais profundo. Para ficarmos nos mantermos saudáveis, sim, necessitamos nos exercitar e nos alimentar direito. Mas muitas vezes também precisamos trabalhar nós mesmos "além do corpo" – examinando as nossas crenças limitantes acerca do nosso corpo e da vida.

Precisamos mudar nossa mentalidade e curar solavancos emocionais e contusões."

— *BILL PHILLIPS*

Como a criança pequena cujo corpo falou com ela naquele dia com a sua avó, o seu corpo falará com você. Ele lhe dirá coisas que você não pode sequer imaginar neste momento sobre como você pode curar, amar, viver, *ser*, pois o seu corpo está ligado à inteligência do universo. A questão é: como as nossas vidas saíram tanto dos eixos, são tão complicadas e difíceis? Mais importante, o que você pode fazer para mudar isso para que você possa escutar as soluções, o amor e o apoio que o seu corpo tem para lhe dar?

Entender as respostas a essas perguntas e trabalhar com essas informações terá um efeito profundo na sua vida, literalmente transformando cada relação que você tem – com o dinheiro e o trabalho, com a saúde e o bem-estar, com quem mais ama e aqueles que não ama assim tanto e, acima de tudo, consigo mesmo ou mesma e com o mundo. Quaisquer que sejam os desafios e problemas que tenha, prometo que valerá a pena os enfrentar. Você pode até descobrir, tal como eu, que a "sua bagunça é sua mensagem" e que o seu propósito está intrinsecamente conectado com a sua jornada para a plenitude.

Faça a si estas perguntas:

Qual é a mensagem na sua "bagunça" agora mesmo?

Corpo, me mostra o que fazer para mudar agora mesmo?

Qual é o próximo passo correto ou ação que devo tomar agora mesmo?

Por exemplo...

1. <u>Não sei como</u>, eu faço uma pergunta e escuto a resposta do meu Corpo.
2. <u>Só sei que vai acontecer.</u>
3. <u>Obrigado. Está feito!</u>"

2

___

O QUE ESTÁ IMPEDINDO VOCÊ?

Qual é a história do seu corpo?
Quando você a criou?
Você está feliz com essa história?
Exige um fim e um novo começo?
Ou um novo capítulo?
Ou um livro ou visual completamente novo?

O que está impedindo você criar uma vida que ama? O que o ou a mantém presa? Em uma palavra: você. É você quem está bloqueando os seus verdadeiros talentos, dons, necessidades e desejos, quer você esteja ciente disso ou não. Ao trabalhar com pessoas, descobri que o que imensas vezes impede alguém é uma recusa de algum tipo:

1. Uma recusa em escolher por você só porque você pode.
2. Uma recusa em praticar o amor-próprio.
3. Uma recusa em aceitar que você merece tudo de bom – não algo, não um pedacinho, mas tudo de bom.
4. Uma recusa em aceitar que você pode escolher o que desejar, e que você não tem de esperar por nada, nem mesmo por dinheiro nem permissão.
5. Uma recusa em escolher o que você quer e seguir em frente e criar ativamente isso.

Todo mundo está sempre procurando a pílula mágica: *Se eu fizer isso... Se eu conseguir isso... então eu poderei.* Mas não é bem assim que funciona. É mais assim: *Eu quero isso. Eu desejo isso. Isso me vai deixar feliz. Como faço para criar isso?*

O que é que lhe impede de criar e aceitar as próprias coisas que lhe fariam feliz? E por que você recusaria o que realmente deseja? A um nível consciente, você não o faria, é claro. Mas a um nível inconsciente? Oh, sim.

Escreva 10 coisas que:

1. Você quer.

2. Você deseja.

3. Que fazem você feliz.

4. Que você está disposto ou disposta a fazer para criar o que você anotou acima

DISTRAÇÕES, BARREIRAS E DESVIOS PARA OS SEUS DONS E CRIATIVIDADE

A única coisa que nos impede de ser, fazer e ter o que desejamos são as nossas crenças inconscientes – crenças fundamentais ou centrais que foram, na sua grande maioria, formadas na infância com a ajuda dos pais ou da ancestralidade ou da cultura em geral, ou simplesmente devido às interações e experiências com o mundo à nossa volta que agora estão operando no piloto automático. Na época, faziam sentido para nós. Elas nos diziam como o mundo funcionava. Elas nos mantinham seguros. Diziam quem éramos – ou quem não éramos – nele. Eram as regras do jogo que nos permitiam funcionar ou lidar com o ambiente que nos rodeava. Hoje, no entanto, elas vivem no subsolo sombrio do nosso subconsciente, infundindo todos os aspectos do nosso ser e da nossa vida, permanecendo invisíveis para nós, exceto pelos resultados que produzem.

As pessoas que vão ao meu gabinete ou aos meus workshops, muitas vezes na melhor das hipóteses, não sabem por que a sua vida simplesmente não está funcionando da forma que imaginavam. Por que não são capazes de criarem relacionamentos alegres, terem carreiras envolventes e produtivas ou abundância financeira? Por que não podem ser felizes? É devido às suas crenças inconscientes que estão ativas em segundo plano, por mais ultrapassadas e obsoletas que sejam. Infelizmente, elas não desaparecem simplesmente por deixarem de ser úteis.

É por isso que lutamos para mudar as coisas, pois estamos constantemente esbarrando com essas crenças ocultas, crenças que só podem ser observadas através dos nossos comportamentos, emoções e ações, ou nas situações ou condições que surgem nas nossas vidas. As pessoas sofrem, não criam e ficam atoladas de coisas de que realmente não precisam. Essas crenças produzem as suas limitações, às vezes aquelas em que você nem sabe que está vivendo. Tal como areia movediça, elas vão fazer com que você se enterre e manter você lá.

Passei a reconhecer que imensas das crenças principais com as quais as pessoas se debatem são universais por natureza e apontam numa direção: para algum nível de ódio a si.

AUTODEPRECIAÇÃO

"O único pecado é a autodepreciação."

— PAUL WILLIAMS, DA ENERGI

A autodepreciação tem imensas faces: *Eu sou ruim. Eu errei. Ninguém me pode amar. Eu não sou importante. Eu não tenho importância.* Ela surge sob uma miríade de formas e atua como autossabotagem. Claro, que não sabemos que é autossabotagem. Parece sempre algo diferente:

- Procrastinação
- Comparação com os outros
- Raiva
- Vitimização
- Projeção/Culpa
- Reclamação/Crítica
- Desculpas
- Medo
- Preocupação/Ansiedade

A autodepreciação afeta o que chamo de "os três grandes" pilares: saúde, finanças e relacionamentos. Essas são as áreas com as quais a maior parte das pessoas necessita de ajuda em algum momento ou outro, e os três principais motivos pelas quais a maioria dos meus clientes faz terapia. Quando chegam, os seus problemas geralmente estão ao rubro: saúde precária, dívidas incapacitantes que aumentam o estresse e a ansiedade, e relacionamentos tóxicos. Todas essas são formas de autopunição.

Infelizmente, as pessoas muitas vezes não percebem que há sinais anteriores de crenças inconscientes, como as listadas acima, em parte por serem comuns e "aceitas".

PRECONCEITO

No centro do ódio, direcionado ao eu, ou não, está o "preconceito" – uma decisão sobre o que é ruim (e, portanto, também o que é bom). Quando você julga algo, no fundo você está tendo um ponto de vista fixo... e qualquer ponto de vista fixo é dono de si. Isso estreita a sua perspectiva e, sempre que a perde, você perde poder. Você age de forma diferente do que gostaria e então se sente mal com isso, o que só gera mais preconceito.

Se você olhar atentamente para a natureza do preconceito, você pode ver que é um amálgama do passado e das pessoas dentro desse passado. Pode ser libertador saber que a maior parte dos pensamentos preconceituosos que você está tendo não se originou realmente em você. Eles foram transmitidos continuamente desde tempos imemoriais. Nesse sentido, eles não lhe pertencem. No entanto, quanto mais você permite que o preconceito o ou a alimente e a mantenha presa nessa realidade limitada – tal como um animal enjaulado – mais você mantém o abuso e a doença do preconceito no seu corpo, na sua mente e nesta terra.

Quando as pessoas lhe dizem algo, quer você saiba disso ou não, você tem uma daquelas crenças inconscientes sobre si. E então, sempre que algo parece, cheira ou tem gosto semelhante, essa crença inconsciente surge dentro de você, dentro da sua "jaula", e diz: "Oh sim, isso!" É posta outra barra, ou reforçada mais uma, na jaula. E assim, durante a sua vida inteira, você se defende contra ser capaz de se relacionar com a sua energia inatamente bela. Você acha que há algo errado com você. Tudo acontece numa fração de segundo, além da sua consciência consciente, e a única coisa que você sabe é que, quando você faz um trabalho de cura de energia espiritual, você não se consegue conectar tanto quanto sabe que poderia devido às suas crenças inconscientes.

Ir além do preconceito inclui o preconceito de si e perante os outros – pois tudo o que você julga nos outros é simplesmente um reflexo do que você está julgando em si.

A JAULA

"No vocabulário alemão de Philosophie, você encontra as palavras eigentlich

(verdadeiro, real) e uneigentlich, *o oposto da verdadeira vida que lhe está destinada.*

Há imensas pessoas vivendo uma uneigentliches Leben *(vida inautêntica).*

Sair dessas jaulas autoconstruídas é a coisa mais difícil."

— *NINA GEORGE*

Uma jaula é uma metáfora útil para descrever a estrutura invisível e a autoenclausura que prende as pessoas na sua realidade limitada. Me lembro de trabalhar com um curandeiro poderoso que disse uma vez: "Oh, meu Deus, as estruturas internas do seu corpo - é como se você tivesse aço à volta dos seus quadris e os seus ossos estivessem cheios de ferro fundido". Esta é a jaula: ideias e crenças internalizadas sobre si e a vida que endurecem e enrijecem com o tempo, barras invisíveis que o ou a mantêm agarrada nos limites do seu ponto de vista fixo. A jaula prende você a determinadas realidades vividas como: "É isso. É o que é", em vez de vivenciar a sua vida como criação e possibilidades infinitas, que é a sua verdadeira natureza e assinatura espiritual.

OS QUATRO DS: DENEGAR, DEFENDER, DESCONECTAR E DESASSOCIAR

Os quatro Ds são estratégias para lidar com problemas que a maioria das pessoas usa para negociar a sua realidade, mas que, na verdade, reforçam a jaula e trancam tudo no mesmo lugar. Vejamos cada um deles.

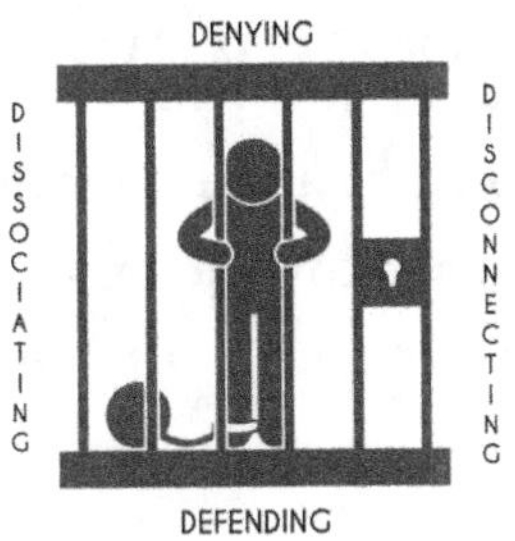

Denegar: Se recusar a reconhecer a existência de algo.

Denegar não é necessariamente algo ruim. Tal como digo às pessoas nos meus workshops, está tudo bem. Podemos rir. O riso é um recurso valioso neste trabalho profundamente pessoal, pois estamos falando de paradas pesadas. Convenhamos, quando você está passando por um trauma ou alguém está abusando de você, um certo nível de denegação torna mais fácil uma pessoa viver com isso. No entanto, uma denegação não expressa o ou a levará diretamente às suas crenças inconscientes. É assim que as pessoas acabam como adultos num ou todas as seguintes situações: casamentos infelizes, cheias de dívidas, negócios malsucedidos, corpos doentes, pesadelos por não quererem lidar com os seus traumas, e isso simplesmente continua. A denegação não expressa é muitas vezes a primeira entrada para a jaula.

Imagine alguém terminando com você. Você sente isso no seu coração ou nalgum lugar do seu corpo, e imediatamente diz a si: "Ok, eu tenho de ser forte". Isso é denegar. Você coloca o freio.

Mas não é aí que termina. Você faz isso repetidamente e constrói camadas, o que eu chamo de "blindagem corporal". Tudo o que fazemos nos meus workshops de ROAR® é concebido para liberar essa blindagem corporal. Imagine que você está dirigindo um carro e, de repente, pisa no freio pois um cervo pulou para o meio da estrada. Sem perceber, você sustém a sua respiração. O cervo foge e você pensa: *Ok... o cervo está bem.* Mas você não se lembra que se esqueceu de respirar. E esse momento fica com você mesmo que tenha acabado.

O mesmo acontece com os seus sistemas de crenças que você não presta atenção pois você é muito forte e você não pode parar tem de continuar. Isso é blindagem corporal. Às vezes, quando peço a alguém para respirar, essa pessoa fica com tonturas. É difícil. Pode até começar se engasgando. Muitos de nós não queremos respirar pelas nossas barrigas pois é onde nossas emoções estão – ou pelo nosso peito, pois é onde está o que nos despedaçou o coração. Passa a ser uma forma de se mover pela vida.

Qualquer um dos 4 Ds é uma faca de dois gumes. No caso de denegar, você também nega estar na grandeza dos seus dons, talentos, competências e capacidades, pois se você nega algo que está acontecendo, você também não está negando algo sobre você? Qual é o limite? É assim que começamos a desenvolver a jaula. Para trazer consciência e iniciar o processo de mudança, pode ser tão simples quanto fazer algumas perguntas a si:

1. *O que eu estou negando aqui?*
2. *Como eu estou negando?*
3. *O que eu amo negar?*
4. *NEGAR - Nem Eu Gosto de me Aperceber da Realidade*
5. *Que ensinamento positivo você está aprendendo com essa negação?*

6. *Anote dez coisas que você sabe que está negando!*

7. *Anote dez coisas que você não quer saber que você sabe.*

Tenha em mente que, quando você começar questionando essas defesas, espere se sentir desconfortável. É como se você estivesse nomeando algo que jamais foi nomeado antes. É normal. Confie no processo.

Defender: Resistir.

Defender é uma forma de você se proteger de danos ou perigos. É um mecanismo inato. Novamente, nem sempre é algo ruim. Pense se alguém se zanga com você. A sua primeira reação é se defender, certo? Mas quando tudo é culpa de todo mundo, ou você se encontra defendendo de tudo, ou você tem de se proteger de alguém que sai dalgum canto para tentar matar você o tempo todo – bem, então isso já é um problema maior. Você está vivendo na defensiva o tempo todo, sempre lutando contra algo. Você pode estar defendendo o seu ponto de vista, preconceitos que tem sobre você, uma decisão que tomou ou alguém tomou na sua vida. Ou alguém que esteve na sua vida, como um pai ou filho. Você está constantemente erguendo muros ou barreiras para alguém ou algo – mentalmente, emocionalmente, psiquicamente ou fisicamente. Toda a vez que algo parece, cheira ou tem gosto de alguém lhe machucando – por exemplo, como o seu amor terminou com você às onze horas, e você ainda está lidando com isso e carregando isso com você em cada término – você se defende de sentir a dor original, além de todas as outras dores de lá.

O outro lado é que, enquanto você se está defendendo dessa maneira, você também está se defendendo de qualquer coisa boa que entra. Você simplesmente não percebe. Com os quatro Ds, não há nenhum limite claro que diga: "Isso é bom... Isso é ruim. Mantenha o bom. Se afaste do ruim." Está tudo misturado, e você usa isso em você. Aqui estão algumas perguntas para você fazer a si:

1. *De que me estou defendendo?*
2. *De quem me estou defendendo?*
3. *Como me estou defendendo, de ou contra algo?*
4. *Qual é a importância de me defender?*
5. *O que eu amo em me defender? A luta? O conflito? A adrenalina?*
6. *O que eu me estou ensinando ao me defender?*

Quando você nega ou se defende de algo, você perde a sua perspectiva. Você entrega o seu poder. Se você se sente impotente constantemente, provavelmente é por causa disso – mesmo que você pense que é sobre uma situação externa. Não é. A realidade externa é apenas algo batendo na sua jaula e perguntando: "Você está pronto ou pronta para mudar isso? Você vai assumir o seu poder agora? Ou prefere sofrer?"

Desconectar: Se separar ou se retirar.

Sempre que algo acontece que você não gosta, você se desconecta. Você empurra algo para fora da sua consciência, ou se distancia como uma forma de criar segurança ou conforto. De alguma forma você se separa disso. Você pode se estardesconectando de dores ou de sensações no seu corpo, de outras pessoas, de memórias ou de qualquer coisa ou de alguém que você atribuiu como a causa do abuso – incluindo o seu próprio ser. Ou você pode estar se desconectando dos seus sonhos, metas ou desejos.

Desconectar afirma: "Não quero lidar com isso", ao contrário da defesa ou da denegação. Ao se defender, você está reagindo a alguém ou a algo. Você está se debatendo. Ao denegar, você está dizendo: "Não, isso não aconteceu".

. . .

Perguntas a fazer:

1. À medida que me desconecto, estou me ensinando a...?
2. O que estou evitando em reconhecer como real?
3. Quem eu estou vendo como alguém além de quem realmente é, em vez de enfrentar quem realmente é?
4. O que eu continuo adiando e deixando de lado em vez de enfrentar?
5. O que aconteceria se eu abraçasse isso?

Desassociar: se desligar, separar ou desapegar do que você está vivendo no momento.

[Observação: Embora este seja o mais extremo dos quatro Ds, não estou falando aqui sobre o transtorno de personalidade múltipla, transtorno dissociativo de identidade ou transtorno de personalidade borderline.]

Se você chegou a esse ponto, significa que você tem a denegação e defesa bastante incrustados no seu ser. Tal como os outros Ds, não é necessariamente algo ruim. É assim que você sobreviveu até agora na vida. Ao se desassociar significa que você deixou uma parte de você não curada no passado. Uma parte de você ainda está algures, o que o ou a mantém presa ao passado e não ao momento presente em que está. É uma estratégia usada como tentativa de escapar da intensidade ou da gravidade de algo. Você pode se desassociar do corpo ou duma intensa alegria ou tristeza ou sofrimento ou raiva.

1. Quando me sinto escapulindo para um mundo de fantasia onde me sinto como se fosse um espectador da minha vida, em vez de estar ficar em mim mesmo?

2. Quais comportamentos são evidências da minha desassociação? Perder-me vendo televisão durante horas a fio? Entorpecer-me com álcool ou outras substâncias?

3. Eu me sinto como um ou uma estranha num grupo de pessoas quando elas estão ocupadas experienciando alegria, felicidade, riso ou até mesmo tristeza, e sinto que as estou observando num set de filmagem?

4. De que é que abdiquei ao me desassociar?

PERGUNTAS A FAZER:

Nos próximos onze dias, anote e observe uma vez por dia quando você começa, continua ou cessa de se desassociar.

O que essa ação ou comportamento lhe está ensinando?

Que virtude você está cultivando? (Segurança, Resiliência, Clemência, Bondade, Compaixão ou Coragem?

Normalmente, as pessoas percorrem os quatro Ds sem saber, começando com a denegação: "Ah, isso é bom". Quando você se dá conta, eles pularam para a defesa e briga quando uma discussão com algum amigo ou cara-metade ocorre desse jeito:

"Não, é sobre você."

"Deixe que lhe diga isso..."

"Sempre que você faz isso..."

Esse tipo de diálogo soa familiar? Costumo dizer aos meus clientes para terem cuidado com o que eles transmitem. Pois assim que você começa a denegação, antes que você perceba, você passa a se defender e, a partir daí, ou você vai direto para a desassociação ou vai para algo similar e se desconecta, mas termina sempre na desassociação. E aí tudo começa de novo. Você volta a denegar pois sente mais segurança assim.

Ao examinar o papel dessas estratégias de enfrentar a sua vida e as crenças inconscientes que as alimentam, você aprende onde estão os seus limites, o que pode fazer, e o que é saudável. Você descobre que o que cria doença, manipulação, infelicidade, ansiedade e depressão está abandonando você através das estratégias dos quatro Ds – denegar, defender, desconectar e desassociar. E o objetivo de se enjaular é deixar de existir. Sim, deixar de existir! Você leu bem.

EXERCÍCIOS

1. Dobre um pedaço de papel ao meio e escreva os quatro Ds num lado do papel. Feche os olhos e, no outro lado do papel, reflita sobre os casos em que você exibiu cada um dos quatro Ds na sua vida.
2. Faça uma lista de pessoas, lugares e até objetos que você evita.
3. Para as pessoas, pense porque você se distancia delas. Os outros os veem de uma forma significativamente diferente da sua? Você se pega "explicando" os seus comportamentos quando os outros expressam preocupação sobre como eles tratam você ou os outros?
4. Para os lugares, liste cada lugar e descreva detalhes acerca das suas experiências passadas naquele lugar. O que aconteceu naquele lugar? Que sentimentos esse lugar invoca em você? Por que você evita estar naquele lugar?

5. Para os objetos, faça uma lista de objetos que você guardou ou escondeu. Pode ser um objeto em casa, uma joia, uma fotografia. Qual é a primeira lembrança desse objeto? O que aconteceu na primeira vez que esse objeto esteve presente na sua vida? Você tem medo de se livrar desse objeto? Por quê?

6. Na semana a seguir, tenha atenção quando você cair nos quatro Ds. Mantenha um caderno com você e anote cada situação. Onde você está? Com quem você está? O que é que você está fazendo? O que você está sentindo?

* Esse exercício, caso você o deseje experimentar, principiará o diálogo com o seu Corpo e você estará no caminho certo para alinhar a sua mente, Corpo, espírito e alma.

3

O QUE VOCÊ GANHA COM ISSO?

"Valorize os seus limites e por certo não se livrará mais deles."

— RICHARD BACH

A jaula, os preconceitos, os quatro Ds – tudo isso são mecanismos de lidar com a vida concebidos (ainda que inconscientemente) para o ou a entorpecer do mundo exterior. Mas o entorpecimento não é seletivo. Também serve para o ou a entorpecer de experienciar *você* e quem você realmente é, um presente no mundo.

No fundo, é o *medo* que entorpece você: o medo de verem você, de ser exposto ou exposta, o medo de criar aquela ideia que você ama. O seu medo leva a parecer que você se encontra sempre remando rio acima, e tudo porque você acredita nas mentiras do falso eu. Isso é o que torna tão difícil criar a realidade que você realmente quer ter – pois você tem de perder o seu medo, as suas autolimitações, para o fazer. E há benefícios em permanecer com o *status quo*. Toda a sua vida até hoje é baseada nessas limitações. É a única maneira que você se conhece a si, a estrutura que você usou para construir a sua saúde, o seu corpo, o seu dinheiro e vida financeira, o seu trabalho e os seus relacionamentos (ou a falta deles).

É por causa dos cenários passados não reconhecidos e não resolvidos em que você decidiu que era algo que nem era verdade sobre você, mas que você tornou verdade sobre você, e então se tornou em você. É como você vive a sua vida. Você atrai os seus relacionamentos dessa forma. Você atrai o seu dinheiro dessa forma. Você atrai o seu negócio dessa forma. Você atrai o seu corpo dessa forma. E você atrai o que "não está acontecendo" na sua vida desse espaço de ser. Você se lembra do Chiqueirinho do *Minduim* de Charles Schultz? Ele era o fedorento que tinha sempre uma pequena nuvem de poeira girando ao seu redor. Essa é a mesma energia desses sistemas de crenças, e está sempre girando ao seu redor enquanto também atrai o que você diz que não quer. O seu campo energético diz imenso, você está ciente de que ele é você?

BENEFÍCIOS INCONSCIENTES

Para a maior parte das pessoas, o pensamento de que podem estar obtendo algo de positivo com tudo isso – por mais distorcido que seja – geralmente é um pouco terrível. Faz parte do negacionismo. Mas vamos considerar alguns dos benefícios potenciais que você pode estar obtendo ao manter as suas limitações. Algum deles parece familiar?

1. Poder
2. Segurança
3. Proteção
4. Controle
5. Ser deixado ou deixada só, ou ter espaço só para si
6. Paz
7. Relaxamento
8. Liberdade
9. Atenção
10. Amor
11. Vingança
12. Espaço
13. Poder respirar ou ter fôlego
14. Ser capaz

Quando você põe de lado crenças e limitações inconscientes, você se torna energeticamente mais congruente com os seus desejos e começa a tomar as ações certas. Você abre a porta à possibilidade. Mas a maior parte das pessoas acha que não vale a pena a possibilidade, então nem sequer vai quebrar a jaula. Quebre essa jaula. Se Solte – você não se arrependerá!

Por que você gostaria de gerar MEDO (Mentirosa Evidência Diferente do Original)?
Só há um motivo: se limitar num mundo de possibilidades pois, em algum nível, essas possibilidades são desconhecidas e incertas. Assim, em vez de as enfrentar e/ou as consequências percepcionadas, você se limita e se manter no mesmo lugar.

Quando pergunto às pessoas: "Do que você tem medo?", elas costumam responder com comentários como: "Eu não tenho dinheiro", "Vou deixar a minha família e eles vão deixar de me amar", "Eu não sei fazer isso, portanto prefiro nem pensar". Às vezes, dizem que envolve "demasiado trabalho árduo". Ou talvez tenham uma doença ou enfermidade. Há tantos motivos, e todos têm algum. "Eu sou horrível. Eu tenho vergonha. Eu sou um erro." Esses são os "motivos" pelos quais não se dão bem criando a sua vida. E embora sejam desculpas, muitas vezes as pessoas optam por acreditar que são verdadeiras em vez de

criar uma realidade diferente, a realidade que realmente desejam. Se esse é o seu caso, tente fazer a si as
seguintes perguntas:

*O que torna o motivo – ou a "inverdade" – tão vital que você
prefere acreditar na mentira do que criar a verdade?*

*Que função está servindo e a quem está servindo (geralmente
não é só a você)?*

*Que benefício ou recompensa você está recebendo ao a
perpetuar?*

O que você está aprendendo?

Como é que "isso" está motivando você?

Que "coisas boas" lhe está ensinando?

Você se sente pleno ou plena com esse padrão hoje?

O segredo aqui é perguntar e depois prestar atenção ao
seu corpo, pois as respostas reais vêm através do seu
corpo, não da sua cabeça. Ambos escutam *e* sentem a
resposta, muitas vezes acompanhada de uma sensação
de libertação. Cada vez que você se liberta de uma
crença inconsciente, você fica mais em sintonia com a
presença e a sua assinatura espiritual única. Aceite a
mudança, o seu corpo não o ou a desapontará.

O jeito é começar abanando as grades da sua jaula. Deixe as lágrimas rolarem. Emoção é energia em moção. A jaula representa o que você manteve no seu corpo que você não foi capaz de liberar. Você pode passar a estar consciente e em sintonia com o peso e a densidade do que antes era invisível para você. Faça a si perguntas como: "Quem seria eu sem minhas limitações e como viverei sem elas?" Deixe que o seu corpo responda e lhe proporcione possibilidades muito maiores para a sua vida. Você só tem de começar por algum lugar.

Pergunte o seguinte a si:

Como seria a sua vida sem tais limitações?

Quem estaria lá com você?

O que inclui?

O que você percepciona?

Com as sente no seu Corpo?

Isso é o que é tolerância – fazer e continuar fazendo pois você necessita de mais para obter o mesmo resultado. Na psicologia, chamam isso de "teoria de dependência do estado". Isso significa que você não se consegue lembrar, mudar ou chegar ao que deseja chegar, a menos que esteja nesse estado exato, onde você criou o problema, tomou essa decisão que agora já não é atual. É por isso que as pessoas pensam, *vou beber para me divertir ou vou me drogar para atingir esse estado de consciência,* ou se manter numa dinâmica tóxica, em que desculpa a degradação e o desempoderamento. Você pode simplesmente perguntar ao seu corpo e escolher o que funciona para ambos.

A realidade é que você pode chegar à consciência que deseja. Você se pode livrar de todas as mentiras com que tem vivido. E você pode sair da jaula. Comece definindo objetivos para onde você deseja mudar. Você sabe se você é uma pessoa rabugenta. Você sabe se está culpando todo o mundo por tudo. Você sabe se a sua situação financeira mudou ou não. Você sabe se está feliz sexualmente ou não. Você sabe se está feliz no seu corpo ou não. Você sabe se está feliz no seu negócio ou não. Você sabe. Sim, você sabe, e se acha que não, o seu corpo sabe. Escute o seu corpo.

Basta coragem para enfrentar o seu passado. O que é verdade hoje? As pessoas têm imenso medo disso, mas a realidade é *que você está vivendo no seu passado no seu presente.* E não é tanto que você tenha medo disso – o que é mais assustador é que, em algum nível, você beneficia disso. Ou será mesmo? *Essa* é a sua verdadeira jaula.

EXERCÍCIO: DENTRO DAS BARRAS DA JAULA

Imagine que você está dentro desta jaula e a porta está fechada e trancada. Há doze barras na jaula. Cada uma das barras representa um medo ou limitação que você está mantendo e que o ou a impede de viver plenamente.

Corte um pedaço de papel em doze tiras longas e em cada tira escreva o medo, a mensagem, e a limitação – o que quer que você esteja permitindo viver no seu cérebro e manter lá. Na parte de trás de cada uma das tiras, liste uma ou mais ações que você pode tomar para se livrar daquela barra de jaula. No final deste exercício, você pode querer desfiar ou queimar os papéis como um símbolo de sair da jaula.

Eu desafio você.

O que você tem a perder?

4

A SABEDORIA DO CORPO

"A cognição corporal é aprender a escutar o seu corpo, como responder a ele com gentileza e criar uma relação com ele, para que você possa sentir que domina o seu sistema e consiga viver a vida que você quer viver."

— HOLLY BRIDGES

O seu corpo é um sistema de navegação, semelhante a um GPS. Mas, por mais que nos maravilhemos com as capacidades da tecnologia, a "tecnologia" do nosso próprio corpo é bastante maior – especialmente quando você tem em conta que, sem a intuição (aqui dentro), a tecnologia (lá fora) não existiria. Certamente, algumas das maiores mentes do mundo admitem isso, desde Albert Einstein que disse: "Todas as grandes conquistas da ciência devem partir do conhecimento intuitivo. Acredito na intuição e na inspiração..." a Steve Jobs: "Tenha a coragem de seguir o seu coração e intuição. Eles, de alguma forma, já sabem o que você realmente se quer se tornar. Tudo o resto é secundário."

CONSCIÊNCIA INTUITIVA

À medida que o seu corpo começa a se alinhar mais energeticamente com a presença, você descobrirá que é bastante mais fácil acessar a sua intuição e consciência do futuro. Isso por si só pode ser um motivo pela qual imensas pessoas inconscientemente optam por ficar na sua jaula. Às vezes parece que a ignorância é felicidade e acarreta menos responsabilidade. Um futuro conhecido pode ser tão assustador quanto um desconhecido para os não iniciados. Ter acesso à sua intuição mantém você afastado ou afastada de problemas.

A intuição em si é sutil, por isso muitas vezes ela surge de pequenas maneiras. Por exemplo, você pode ter a ideia naquela manhã de que a sua cara-metade está brava com você, mesmo que não esteja. O dia corre bem entre vocês, mas então, doze horas depois, está chateada com você. Esse tipo de "alerta" pode facilitar o seu relacionamento muito mais do que ficar preso ou presa no ciclo dos quatro Ds e não prestar atenção ou escutar a sua intuição.

Este é muitas vezes o momento em que o universo pode "ajudar" você a entender a mensagem que está atingindo você cosmicamente – por exemplo, você quebra um braço caindo do seu cavalo durante um momento em que a sua cara-metade está tendo um caso que você realmente não quer saber (isso aconteceu comigo). Ou talvez você corte o dedo com uma faca de manhã e tenha contas que necessita pagar e ainda não pagou. É claro que esses eventos não parecem estar conectados, mas observe como eles chamam a sua atenção. Felizmente, essas experiências começam a acontecer com cada vez menos frequência pois a) você não precisa delas e b) você sabe intuitivamente mais cedo. Agora só se torna uma questão de saber se você as vai escutar.

Estar em comunhão com o seu corpo não é o mesmo que "trabalho corporal". Mesmo que eu tivesse tido anos de várias formas de "trabalho corporal" – tanto para mim quanto para facilitar os outros – foi só nos últimos anos que entrei em sintonia com o meu corpo. Percebo agora que estava sempre a falar comigo, quer escutasse, ou não. A diferença hoje, é que não só continua falando comigo, como também falo com ele todos os dias. É uma comunicação de duas vias.

Eu costumava estar tão desconfortável no meu corpo. Parecia que tinha insetos andando debaixo da minha pele. Eu tinha todas as energias dessas outras pessoas dentro e sobre o meu corpo – as realidades de outras pessoas. Eu não pensava muito em mim e tinha uma longa lista de preconceitos do que eu achava que eu própria era. E foi só quando escolhi olhar para dentro que descobri que não era o que eu estava consumindo, era o que me estava consumindo. Eu acreditava que ter um corpo era feio, o prazer era uma vergonha, ser mulher significava ser abusada. Esse é o tipo de pensamento que eu alimentava o meu corpo e que ele não conseguia "digerir", e o reflexo era que ele não conseguia digerir ou metabolizar o que comia. E quando o seu corpo não consegue ou não digere o que você come, a inflamação se acumula e pode fazer aumentar o peso.

No meu caso, foi a separação entre a mente e o corpo, e foi só quando comecei a indagar e escutar o meu corpo é que tudo começou a mudar. *O que essa dor significa? A quem pertence essa dor? Que decisão tomei? E a que conclusão cheguei? Como tenho vivido minha vida e moldado como vivo a minha vida de acordo com essas decisões e conclusões? Como moldei o meu corpo de acordo com essas decisões e conclusões?* Pois se você acha que é mau, errado, ruim, terrível, vergonhoso, horrível ou feio, o seu corpo pode refletir essas coisas de volta para você na forma como parece, se molda, forma e sente.

E é por isso que eu o chamo de corpo da mudança, um corpo de possibilidades. À medida que você muda a sua percepção, o seu corpo muda para corresponder à sua percepção. Mas isso não acontece por acaso. Você o libera através do compromisso e da escolha de ser um bom amigo de si, de ser uma expansão em vez duma contração. E aí o seu corpo é o seu amigo, o veículo no qual você vive a sua vida, colaborando ativamente com você para saber o que é mais expansivo para concretizar os seus maiores desejos, para o que faz o seu coração pulsar. Você tem uma nova relação consigo própria. Você se sente bem pessoalmente e profissionalmente e, como um superpoder, entra em ação para criar a sua vida com diversão e facilidade e com a alegria de viver.

Essa é a promessa e o poder de criar um diálogo e abrir as linhas de comunicação com o seu próprio corpo, pois tanto o problema quanto o resultado existem na comunicação, na história que você conta a si própria. Quando você muda a história, você muda o resultado.

"Quando estamos cheios de problemas, não há espaço para nada novo entrar, nenhum

espaço para uma solução. Portanto, sempre que você puder, crie algum espaço..."

— ECKHART TOLLE, *O PODER DO AGORA*

Nossos corpos são capazes de mudar, e basta uma escolha para suscitar essa mudança, que é estar em comunhão – em conversação – com o seu corpo. E não precisa ser uma escolha "grande".

A MUDANÇA DE UM GRAU

"A nossa linguagem se encontra em cada fio e fibra da nossa realidade. Alterando uma palavra

dentro de nós mesmos, expandimos, contraímos ou alteramos a nossa Consciência, a nossa percepção,

e a nossa realidade. Os pensamentos e as conversas das gerações anteriores ainda vão

ressoando como verdade e realidade nas nossas vidas."

— ROBERT TENNYSON STEVENS

Se você está disposto ou disposta a sentir somente um sentimento que não sentia antes sobre uma situação específica na sua vida – como com o seu pai, a sua mãe, o seu ou sua chefe, sua cara-metade ou qualquer outra pessoa – essa é uma mudança de um grau. Se você está disposto ou disposta a colocar palavras em algo que você sabe que nem sabia que sabia, isso é uma mudança de um grau.

Sempre que trabalho com os meus clientes, pergunto: "Qual é a sua mudança de um grau neste momento? Qual é a sua intenção, assim que terminar esta sessão?" A determinada altura, uma mudança de um grau para mim foi: "Não importa o que aconteça, hoje, vou fazer-me feliz. E vou ser grata por tudo." Na época, eu não sabia como ser feliz ou ser grata por nada, portanto, decidi que era a minha mudança de um grau. Não importa o que acontecesse. Mesmo que fosse ruim, eu ia ser grata por isso.

Outra mudança de um grau foi: "Não importa o que aconteça, vou sair todos os dias e caminhar durante trinta minutos. Vou cronometrar no meu celular e não vou trabalhar." Logo os meus trinta minutos se transformaram numa hora, e depois a minha hora se tornou em hora e meia. E aí eu não queria voltar a trabalhar, mas quando eu ia, se eu tinha de voltar a trabalhar, melhorava sempre pois eu tinha espaço. É isso que uma mudança de um grau faz. Dá espaço. Quando você remove crenças como *Eu sou um erro, Ninguém me pode amar, Eu tenho vergonha, Eu não sou ninguém, Eu sou uma fraude* da sua consciência celular no seu corpo, você se sente mais leve e livre. Isso é uma mudança de um grau.

O que seria uma mudança de um grau para você? Pode ser tão simples como enfrentar algo no seu passado (eu disse *simples*, não *fácil*). Ou pode ser reconhecer o quão fora de controle você se sente. Coloque isso no seu mundo. Você o pode dizer em voz alta ou o sussurrar para si. Depois, anote isso. Faça com que fique real.

O QUE É UMA MUDANÇA DE UM GRAU PARA MIM?

Aqui está uma lista de ideias para começar o seu dia com a energia de fazer mudanças de um grau:

- Se comprometa todas as manhãs a anotar uma mudança de um grau para aquele dia.
- Mantenha o seu documento escrito com você e o leia em voz alta várias vezes ao dia. (Escrever em pequenas fichas funciona bem neste exercício).
- Continue se esforçando para viver essa mudança de um grau a cada dia.
- *Hoje a minha mudança de um grau é...*

- *Hoje a minha gratidão é...*
- *Hoje a minha ação é...*
- *Uma mudança de um grau para mim é...*

O CORPO COMO AMIGO

Não se esqueça, Roma e Pavia não se fizeram num dia, e os seus sistemas de crenças também não. Se você tem uma história de há trinta anos, provavelmente a coisa não vai passar toda de uma vez só. Seja paciente consigo e paciente com o trabalho. Algo com que você pode contar é que o seu corpo lhe dirá a verdade e o ou a guiará para fora dos problemas na sua vida. Recentemente, alguém compartilhou comigo o seguinte:

O seu corpo é o seu amigo íntimo, um melhor amigo que nunca mentiu para você, e nunca o fará. Considere estas marcas distintivas:

O Seu Corpo:

- *é inabalável no seu compromisso com você e existe apenas para apoiar o seu propósito mais elevado.*
- *nunca se cansa de você, não importa como você o trate.*
- *dá um feedback incrível, exprimindo e espelhando o seu estado mental, sem nenhum preconceito.*
- *é responsivo a todas as suas ordens.*

- *é o seu projeto, a sua criação, o seu dom para o mundo.*
- *nunca enganará você, nem por um momento.*
- *é pura devoção à sua disposição.*

Imensas vezes as pessoas não querem entrar no seu corpo, pois se o fizerem, se vão lembrar do passado, pois o seu corpo se lembra de tudo. É a sua mente que não se lembra. A sua mente não se quer lembrar. Mas o seu corpo se lembra de tudo. Uma mulher com quem trabalhei num workshop era tão inflexível em permanecer na sua cabeça, não importava quantas vezes eu pedisse que o seu corpo respondesse direito. Ela ficava dizendo que era "expansivo", que era o corpo dela, mas dava para perceber que ela estava respondendo com a sua cabeça. Por fim, ela se abriu para o corpo. Ela não estava resistindo propositada-mente – estava resistindo inconscientemente. Estar no seu corpo era doloroso pois ela havia incorporado uma crença sobre ser feia. Ela queria não ser magoada e preferia estar no futuro ou na sua mente do que estar no presente.

A realidade é que, por mais assustador que isso possa parecer, o próprio medo é gerado pela sua mente e representa apenas cerca de dez por cento de você. Portanto, navegar numa experiência como essa é real-mente mudar de foco apenas nessa parte de dez por cento de você – a sua mente – para os noventa por cento de você, que é o seu corpo.

"Sentir vai aproximar você da verdade muito mais do que pensar."

— *ECKHART TOLLE*

O seu corpo é um dom. É a possibilidade. Não é um manto morto que você carrega consigo. E falará consigo se você o permitir. Mas você tem de o escutar *primeiro,* não o que todo mundo diz.

Pois se você focar no seu corpo, tudo vai mudar. Pergunte a si: *O que eu estou ciente de que eu não mudei que o meu corpo gostaria de mudar? O que criaria mais facilidade ou paz para mim?* Depois escute. E ouça a energia dele, não só a resposta.

Olhando para trás, vi que é a energia do amor, do espaço e de me sentir bem comigo mesma, em vez de pensamentos autodestrutivos ou crenças autossabotadoras que mudaram a maneira como vejo a vida de dentro para fora e de fora para dentro. O nosso corpo é um organismo comunicante sensorial – tudo o que ele expressa é uma comunicação de algo. A questão é: o que está exatamente o seu corpo lhe dizendo? Uma forma de saber é percebendo como você *expande ou contrai* quando você tem um pensamento. Portanto, pergunte a si agora mesmo, *Corpo, você está feliz agora?* O que você sente? Expansão ou contração?

SIM OU NÃO

Pense no seu corpo como uma espécie de "meditação sensorial". Você pode usar o seu corpo para sintonizar as informações que você precisa e pode estar negligenciando para tomar decisões. Por exemplo, eu tenho um negócio internacional e vou conferir com o meu corpo para saber quais áreas são melhores para eu me focar. *Me devo focar agora na Turquia, nos Países Baixos ou em Espanha?* Ou se tenho algum tipo de dor ou tensão no meu corpo, ou tenho um conflito num relacionamento, algo que pergunto ao meu corpo são questões como estas:

1. *Do que eu me estava recusando a saber?*
2. *O que eu deixei para trás?*
3. *Onde a minha atenção é necessária agora?*
4. *Como eu vi isso chegando e não prestei atenção nisso?*

O seu corpo é como um sistema de orientação inato que não o ou a vai decepcionar. Ele se comunicará com você e terá uma forma particular de responder às suas perguntas, uma maneira de dizer "Sim" ou "Não". O corpo não diz "talvez". Geralmente, um "Sim" é uma sensação expansiva e um "Não" é uma sensação de contração em alguma parte do seu corpo, ou talvez no geral. Cada pessoa tem de descobrir e cultivar o seu próprio sistema único de "mensagens". Descubra o que é um "Sim" para seu corpo, e o que é um "Não". Normalmente, você vai sentir algo no seu corpo e vai ser descritivo. Por exemplo, você pode sentir tensão no seu estômago. Pode ter uma cor associada a ele. Ou talvez você o sinta na sua cabeça ou no seu coração. Quando você começa a se sintonizar e estar mais consciente do seu corpo, você pode se aperceber que durante grande parte da sua vida você tem vivido num estado de contração. A grande mudança é acordar para que você possa começar a viver em expansão e possibilidade.

Início Simples:

Diga o seu nome em voz alta.

"O meu nome é..."

Percebe onde você sente esse saber no seu corpo?

Este sentido é o seu "Sim".

Agora diga: "Eu sou uma perereca".

Percebe onde o seu corpo responde?

Este é o seu "Não".

Brinque com isso diariamente.

As boas-vindas ao seu verdadeiro sistema de navegação
- o seu corpo!

"Sua vida não melhora com o acaso, fica melhor com a mudança."

— *JIM ROHN*

À medida que você evolui e muda, o seu "Sim" e "Não" também mudam. Às vezes, são as pessoas que você atrai para a sua vida, ou o tipo de roupa que você usa, ou as atividades em que você se envolve. As coisas para que eu digo sim são, por exemplo, agora bastante diferentes de quando eu bebia álcool. E o que eu digo não agora é diferente pois há uma sinergia com aonde estou indo. Tenho diferentes objetivos de desejo e do que estou realizando. Antes eu estava somente tentando navegar por todas as maneiras que eu me identificava com o mundo e as crenças que eu carregava que não estavam de acordo com a impressão da minha alma.

Quando você vive de forma separada e fragmentada do seu corpo, tudo é separado e fragmentado. Portanto, por exemplo, se você tentar criar algo no seu negócio, isso pode-se concretizar, mas será difícil. Será demasiado tarde, às pressas ou algo do gênero. À medida que você se torna mais congruente com a impressão da sua alma, você atrairá pessoas diferentes que antes não conseguiria atrair pois estava imensamente fragmentado ou fragmentada. Tendemos a atrair pessoas ao nível ou abaixo da nossa própria fragmentação ou desconexão. As energias correspondem às nossas lutas e, como resultado, é exatamente isso que surge.

SENSIBILIDADE PARA O MUNDO À SUA VOLTA

Os nossos corpos são extremamente sensíveis ao mundo ao nosso redor, e carregamos a energia de outras pessoas no nosso próprio corpo sem nos apercebermos. Mas você pode tomar consciência a qualquer momento que optar por fazer uma pausa e se questionar. Quantas vezes você acordou com demasiado cansaço e de mau humor, mesmo tendo ido para a cama bem cedo e dormido bem? Do que se tratava? Está ligado a algo. O que você sabe? Quem vem à sua mente agora, enquanto está pensando nisso?

Eu ensino muitas técnicas de cura energética nos meus workshops para ajudar as pessoas a limparem e dissiparem essas energias, o que lhes dá muito alívio. Mais importante, elas aprendem a tomar consciência das suas próprias conexões. Uma pessoa acordou com uma enxaqueca, dor no pescoço e dor nas costas. Conseguimos chegar a toda a situação apenas fazendo perguntas como estas:

- *Quem você tem consciência?*
- *Se a dor pudesse falar, o que diria?*
- *De quem é a dor?*

Nem tudo o que você vivencia está enraizado numa experiência passada. Quanto mais você trabalha para apagar o seu passado e o impacto que ele está tendo no seu presente, mais você consegue captar as energias do mundo. O que você está sentindo pode estar relacionado com alguém que você conhece, ou você se pode estar sentindo como uma criança sofrendo na Arábia Saudita. Fazemos isso pois, como humanos, somos seres energéticos e organismos sensoriais moleculares conectados a tudo e a todos.

Somos unos a nível cósmico. Em vez de se questionar por que é assim, é mais benéfico se concentrar na pergunta: "O que posso fazer com essa energia agora que sei que não é minha?" E há bastantes maneiras de deixar a energia de lado. Ela pode ser dada à terra, enviada à luz, pode enviar amor, se ajoelhar e orar, ou a socar num saco. A questão é aprender a discernir entre o que é seu e o que é de outra pessoa. Quando era criança, você achava que tudo o que pensava e sentia era seu quando, como um ser altamente sensível e conectado, está lidando não só com a sua mãe, pai, irmãos e irmãs, tios e tias, professores... e Deus sabe quem mais num determinado momento.

EXERCÍCIO: (SUGIRO QUE VOCÊ FAÇA ISSO TRÊS VEZES AO DIA DURANTE 21 DIAS)

1. Escreva as mensagens que você tem acerca do seu próprio corpo. O objetivo é tirar essas mensagens da sua cabeça e as passar para o papel. Neste exercício, pode ser útil pensar acerca dos comentários negativos que você faz dentro da sua própria cabeça para si mesmo ou mesma. Escreva dez crenças ou frases acerca você agora.

2. Reflita sobre o seu corpo físico. Você o ama? Pelo que você o critica? Peso? Aspeto? Movimento? Escreva dez críticas acerca do seu corpo agora. Observação: podem ser as mesmas/semelhantes a acima.

3. Quais são os seus "desconfortos" que você vivencia no seu corpo? Você é propenso ou propensa a doenças? Você tem dores constantes? Você sente dores de estômago frequentes? Você já se pegou sustendo a respiração? Quando e por quê? Escreva dez mal-estares ou desconfortos que você sente no seu corpo agora.

4. Feche os olhos.

5. Coloque uma mão no seu timo (centro do coração) e uma mão no osso púbico (abdômen inferior).

6. Abra o seu maxilar enquanto respira pela boca três vezes.

7. Agora pegue a energia com as suas mãos psíquicas, e você pode usar as suas mãos reais e a jogar fora...

8. Desça à terra cinco vezes.

9. Vá ao céu cinco vezes.

10. Está na sua frente cinco vezes.

11. Agora, respire novamente pela boca três vezes.

12. Expanda e toque os quatro cantos da divisão em que você está com as mãos no timo e no osso público, sentindo os seus pés no chão.

13. Expanda para os quatro cantos da cidade em que você está.

14. Expanda para os quatro cantos do estado em que você está.

15. Expanda para os quatro cantos do país em que você está.
16. Expanda para os quatro cantos da terra, como se a terra tivesse quatro cantos.
17. Expanda para os quatro cantos, se houver, do universo.
18. Percebeu a diferença? O que surgiu de novo?
19. Anote e/ou diga o seguinte com as mãos ainda no timo e no osso púbico:
20. Eu mudei!
21. Eu sei que mudei!
22. Eu sei que mudei pois...

5

CURANDO A DESCONEXÃO

"Os seres humanos têm a oportunidade de fazer a mudança agora de uma vida focada no medo e alimentada a adrenalina para uma vida inteligente de corpo inteiro. A inteligência corporal expande a nossa perspectiva além do medo para a rica sabedoria milenar que carregamos nas nossas células."

— GAY HENDRICKS

Confiar em si e na sabedoria do seu corpo só pode vir quando você se permitir deixar de estar no universo de todos os outros e se julgar através dos olhos de todos os outros. Você não necessita justificar o seu valor ou mérito.

Durante imenso tempo, senti a necessidade de dizer às pessoas no que eu estava envolvida ou que certificação eu estava obtendo, e isso provinha da necessidade de aceitação, do que me faria ascender no trabalho, do que me daria o aspecto de que eu estava certa, era boa ou a melhor. Só quando consegui parar de olhar da perspectiva dos outros é que encontrei a minha. E isso não aconteceu da noite para o dia, mas começou com aquele momento no computador falando com o meu corpo.

Comecei explorando e cultivando os meus relacionamentos de uma forma diferente, me focando primeiro nas relações pessoais, aquelas de "lá de fora". Então olhei intensamente para minhas relações "internas": a minha relação comigo mesma, a minha relação com a minha saúde, a relação do meu negócio com o dinheiro, as minhas finanças pessoais e a minha relação com o dinheiro. Aprofundei: *Sou feliz?* Sem surpresa nenhuma, descobri que não era feliz. E eu não era feliz com o que eu estava criando ou como eu estava criando.

Se você é alguém que está infeliz, mas não se preocupou com isso e fez o possível para ignorar o porquê, há imensa gente como você. A complacência tem os seus próprios benefícios, pelo menos até que algo surja na vida e abale a nossa jaula. Um bom exemplo é que, em 2020, tivemos uma pandemia mundial que obrigou as pessoas a ficarem em fechadas. Ficamos presos em casa com as pessoas com quem convivemos. Nessas circunstâncias, é muito difícil ignorar como eles estão com você e como você está com eles... ou como você está com o seu corpo e como o seu corpo está com você... Ou como você está com os seus amigos, e, na verdade, se eles são realmente seus amigos? De repente, você não pode ignorar o que está surgindo na sua conta bancária e o que não está. Você não pode ignorar os pesadelos onde, antes, você poderia afastar os sentimentos ruins mantendo-se ocupado ou ocupada, fazendo e evitando. Você não pode ignorar a frustração que sente com a sua mãe ou pai, ou a dor e devastação que sente pois eles não estão mais aqui e como isso influenciou a sua vida.

Mas se você deseja mudar de vida, já não pode confiar ou tolerar essas situações passadas. Este trabalho é sobre "Eu não gosto da minha vida, e eu quero mudar de vida". Talvez você goste um pouco da sua vida, mas você deve ser impiedosamente honesto ou honesta para confrontar e criar qualquer parte da sua realidade de forma diferente.

Responda a estas perguntas:

- *Nomeie a parte da sua vida que você não gosta e se comprometa a fazer o que for preciso para a mudar!*

- *Nomeie a parte do seu comportamento que você não gosta e se comprometa a fazer o que for preciso para o mudar!*
- Faça a sua escolha já. Afirme a escolha em voz alta.
- *Eu escolho...*
- Agora, qual é a sua ação para seguir a sua escolha? Não importa qual é. O mais importante é que haja uma ação.
- *Eu farei...*
- Cite uma gratidão que você tem agora...
- *Sou grato(a) pois...*
- *Sou grato(a) por...*
- *Sou grato(a) acerca...*
- Agora, repare no seu corpo...
- Diga viva...
- Dê um abraço a si.
- Diga: "Eu amo você".
- Diga: "Obrigado, Corpo".
- Agora, vá ser sublime.
- E continue se abraçando!

Quando soube que tinha alergia ao álcool e tomei a decisão de parar de beber, tive de aprender a viver sem aquela muleta todos os dias. Essa solução foi substituída por mudanças de 1º™ diárias. Agora havia um espaço para ver que as coisas que poderiam ser melhores. Antes, eu gostaria de ter simplesmente tomado uma bebida e não ver nada disso. Eu não sentia falta do álcool – mas também não queria perder a minha vida, ou a responsabilidade, o controle e a criação da minha realidade. Esse desejo me levou a encontrar ou desenvolver ferramentas e técnicas que ajudassem a facilitar uma fuga da jaula e do ciclo vicioso dos quatro Ds.

FERRAMENTAS E TÉCNICAS PARA SE LIBERTAR DA JAULA

1. A TÉCNICA ROAR®

A Técnica ROAR® é uma técnica somática para remover traumas do passado verbalmente, energeticamente e somaticamente. Ela elimina as limitações, aquelas crenças inconscientes que você não sabe que está vivendo e que mantêm você doente. É uma ferramenta que você pode usar todos os dias da sua vida, se assim quiser, para se libertar das dores. Eu gosto de usar a analogia de um forno autolimpante – você não necessita esperar que ninguém faça isso por você. Às vezes, digo aos meus clientes que eles podem simplesmente entrar no banheiro, trabalhar a técnica e sair do banheiro, voltar ao trabalho e manter o seu emprego. E, às vezes surpreendentemente, eles faziam isso.

A versão curta da Técnica ROAR® é:

1. *Qual é a situação atual?*
2. *O que isso lhe está trazendo?*
3. *Com que isso se relaciona?*
4. *Oh, meu Deus, foi isso que eu decidi – este é o sistema de crenças.*
5. *Não quero fazer isso agora. Como o posso alterar?*
6. *Como você está grato ou grata acerca disso?*
7. *Passe à ação - faça a mudança de 1º ™.*

Quanto mais você faz o trabalho, mais o trabalho se internaliza de modo que, eventualmente, quando uma dor surge, você só precisa fazer uma única pergunta como: "Corpo, o que você está tentando me dizer?" Então você deixa as suas emoções saírem da jaula. Não se esqueça, a emoção é energia em moção, portanto, não há necessidade de pisar no freio, manter o corpo rígido e apertado, ou entrar nos quatro Ds (denegar, defender, desconectar, desassociar) e tentar ignorar tudo. O objetivo aqui é aprender a permanecer no presente.

"É fácil ficar presente como o observador da mente quando as raízes estão firmemente fincadas no corpo interior. Nada que aconteça do lado de fora pode-nos abalar."

— ECKHART TOLLE

2. OS QUATRO ES E OS QUATRO CS

Como um passarinho que está no ninho e pronto para sair, às vezes precisamos encontrar as nossas asas para facilitar o nosso voo para a liberdade. Esse é o papel dos quatro Es (engolir, examinar, encarnar e expandir) e dos quatro Cs (colocar, comprometer, colaborar com o universo e criar). Como uma bela dança, o primeiro conduz, e depois o outro para ajuda a que você se desprenda do ciclo dos quatro Ds (veja o Capítulo Dois).

Primeiro, me deixe explicar o que cada um dos quatro Es representa seguido pelos quatro Cs, depois darei um exemplo de como tudo funciona e pode fluir junto para sair da jaula para a liberdade de criar.

OS QUATRO ES

ENGOLIR É RECONHECER A PRESENÇA DE ALGO E ESTAR COM ESSE ALGO.

Não importa o que esteja acontecendo, você está disposto a o enfrentar e sentir. Você o abraça e o deixa estar na sua consciência sem preconceito. É uma forma de aceitação do que está acontecendo e que você está sentindo no seu corpo neste preciso momento. É honestidade severa, a abertura e a disposição para conhecer a sua verdade e viver por e para ela com facilidade. Pessoalmente, este foi o trabalho mais profundo, rico e difícil para mim. Portanto, vale a pena agora.

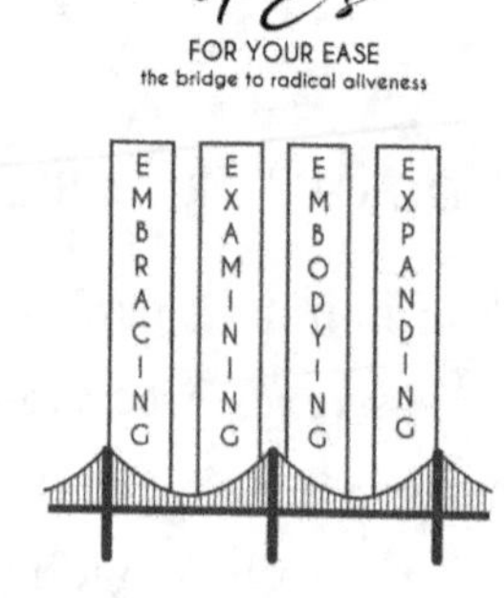

Cite algo que você se tem recusado a ENGOLIR agora mesmo.

EXAMINAR É FAZER PERGUNTAS E RECEBER MAIS CONSCIÊNCIA ACERCA DO QUE ESTÁ ACONTECENDO E O QUE SERÁ NECESSÁRIO PARA O ALTERAR.

Esta é a exploração do que o seu corpo está sentindo no momento – um mergulho profundo na indagação, não deixando pedra sobre pedra. Você está disposto ou disposta a escutar e receber a resposta.

Nomeie a consciência a partir do que você está EXAMINANDO agora.

ENCARNAR É INCLUIR OU DAR FORMA OU EXPRESSÃO VISÍVEL A ALGO.

Se trata de incluir a sua verdade e entrar em comunhão com o seu corpo. É onde a possibilidade de ser você é uma escolha e não uma mera esperança ou um sonho. É uma abertura para uma nova realidade, e você começa a se mover para ela. Você se sente melhor, mais leve e menos denso ou densa.

Nomeie o que você sente que você está encarnando agora.

EXPANDIR É ESCOLHER – ESCOLHER OCUPAR O ESPAÇO DE *VOCÊ* PARA VIVER E SER EM PLENITUDE.

Você já não está na jaula. À medida que você expande a sua energia como espaço, você dá ao seu corpo o que ele necessita para ter facilidade. Em vez de voltar para a jaula, você se expande e reivindica o seu espaço como um ser que está escolhendo viver livre. Você se está conscientizando de que existe e que tem a escolha de escolher a vivacidade radical. Essa mudança de um grau cria a vida que você sempre soube que é possível na realidade, não em pensamentos ilusórios ou fantasias.

. . .

Afirme como você sente que está EXPANDINDO agora.

OS QUATRO CS

Colocar você em primeiro lugar acontece sempre que você escolhe a partir da leveza do que é verdade para você, você se dá permissão para reconhecer o que você está escolhendo em vez de ter  outras pessoas ou outros fatores no universo forçando escolhas no seu corpo e na sua vida. Colocar você em primeiro lugar requer que você reconheça o que quer, o nomeie e declare o que é de fato sua escolha. Colocar você em primeiro lugar pode exigir coragem, pois você reconhece os seus próprios desejos, mesmo que eles entrem em conflito com os outros à sua volta. Colocar você em primeiro lugar é se amar.

Se comprometer é tomar uma decisão firme pelas suas ações. Você diz: "É isto que estou exigindo de mim. Isto é o que eu já não vou tolerar." Como você se compromete com o que decidiu é tomando consciência disso e do que você está fazendo aqui. E, portanto, não importa o que esteja acontecendo, abrace isso. Se comprometer é a ação que segue a escolha de se colocar em primeiro lugar. Ela anima o seu ser, o seu corpo e atualiza o existir.

Colaborar é o universo dizendo: "Iupi! Agora temos algo a fazer. Nós vamos dar isso a vocês". Colaborar também é estar consigo. Você muda a conversa negativa e continuamente se encoraja a agir e se mover em direção ao que você escolhe. Você também busca pessoas ou situações que apoiem a sua escolha e compromisso de forma solidária, se rodeando de energia e pessoas que acreditam que você merece escolher. Colaborar também pode significar evitar conscientemente a colaboração com pessoas que não apoiam as suas escolhas e que tentam atrapalhar o seu compromisso e ações. Você se distancia dessas pessoas ou aprende a reconhecer que as suas palavras muitas vezes são falsas.

Criar é viver radicalmente. Criar é aquele estado expansivo e revigorante onde você está fluindo e levando as suas escolhas adiante. Você se comprometeu e estabeleceu uma rede de colaboração de apoio. Agora você gosta de fazer os passos que tornam as suas escolhas numa realidade na sua vida. Como trabalhou nos três primeiros Cs, você tem espaço no seu ser para lidar com as tarefas, e a sua energia está focada no fazer e não em evitar. Esta é a Mudança de 1º ™ em ação e surpreendentemente alegre e empoderadora.

A estrutura dos quatro Es e quatro Cs é concebida para o ou a levar ao ponto de escolher além de onde você tem vivido e criado, escolher a vivacidade radical para si e a reconhecer como uma possibilidade absoluta. Já não é uma mera esperança. Você a pode sentir no seu corpo. E por quê? Porque você escolheu falar, ser honesto ou honesta e se comprometeu a escutar, a não suspender a sua raiva e emoção. Você deixa o universo colaborar para conspirar para o ou a abençoar. Você passou a criar conscientemente. Este é um novo ciclo positivo, construtivo e ascendente em que você quer estar, em vez do ciclo destrutivo dos quatro Ds. Você sai da jaula escolhendo uma vida mais radical – e é aqui que você quer ficar. A vivacidade é a energia da alma de ser você.

PRÁTICAS DIÁRIAS

O seu corpo sabe quando está sendo cuidado, e você o faz tirando tempo para si, dando a você primeiro. A maior parte de nós se levanta, pega numa xícara de café, toma banho e sai correndo pela porta para cuidar do mundo. Nos sentimos estressados desde o momento em que o nosso dia começa. O seu corpo vai realmente amar que lhe preste atenção como se fossem amigos. As Mudanças de 1º ™ diárias são uma forma de o fazer.

1. ESTAÇÃO DE CRIAÇÃO

A meditação é boa para nós – a ciência já o provou. Ainda assim, se sentar de olhos fechados e respirar por um certo tempo não funciona para todos. Felizmente, há imensas formas de se meditar. Você só precisa encontrar uma que seja adequada ao seu eu único. Tenho uma rotina matinal que chamo de "estação de criação". Ela faz o mesmo que outras formas de meditação: abre um espaço em mim no qual posso escutar o meu corpo a falar comigo, para que eu possa escolher conscientemente o que funciona para mim e para o meu corpo a cada dia.

A maior parte de nós nunca foi ensinada a escolher. Crescemos fazendo ou reagindo ao que a nossa mãe, pai ou professores queriam para nós, ou queriam que fizéssemos, quer queiramos ou gostássemos. Algumas pessoas, como eu, tiveram a sua vida planejada para eles por pais autoritários – para quais escolas ir, quais cursos fazer. Nem sequer nos passaria pela cabeça que cada dia é nosso para criar, ou que somos uma possibilidade, e temos o poder de escolha todos os dias.

Começo acendendo velas antes de me sentar na minha estação de criação. Eu me concentro sempre em três coisas: algo para o meu corpo, algo para o meu negócio e para a minha vida pessoal. Quando eu me estava preparando para uma cirurgia recente, por exemplo, passei por um dos meus livros de "anjos" com orações e as escrevi para facilitar a cura física. Ou me poderia comprometer com algo simples:

Hoje, não importa o que aconteça, eu vou estar grata.

Hoje, não importa o que aconteça, eu vou estar vulnerável.

Hoje, não importa o que aconteça, eu vou respirar sempre que me frustrar.

Tenho outra prática quando sinto que estou no limite de sair do controle comendo demasiado açúcar para me colocar de volta à consciência de fazer com que o meu corpo se sinta melhor. Coloco a mão no timo e no osso púbico, fecho os olhos e respiro. Depois pergunto: "Lisa, o que está faltando?" Ou "O que lhe falta?" A resposta que geralmente surge é algo que perdi ou falta ou sinto falta em mim. Vontade de comer açúcar evitada. Honra ativada.

Outras atividades podem incluir:

1. Ler reflexões diárias
2. Escolher um anjo ou cartão de energia

3. Escrever no seu diário
4. Fazer perguntas:

Corpo, o que você gostaria de [vestir, fazer, comer ou participar hoje]?

O que faria o meu coração pulsar hoje?

Se eu escolher isso, o que isso vai criar?

Isso é criar a vida que eu quero?

Por que faço esse negócio?

O que eu gostaria de escolher e quem eu gostaria de ser hoje?

"O importante é não parar de se questionar.

A curiosidade tem a sua própria razão de existir."

— ALBERT EINSTEIN

O que quer que eu escolha criar, ou sempre que peço algo, eu termino sempre com a minha frase favorita: "Não sei como... Mas, sei que vai acontecer." Eu a uso para tudo. Se eu precisar de alguém para trabalhar no meu negócio, ou se quiser ter mais três novos clientes ou mais dinheiro, eu posso acrescentar: "Isso vai acontecer com total facilidade. Universo, me mostre. Estou grata e me sinto realizada. E assim é." E acontece sempre.

Você pode criar as suas próprias práticas de Mudança de 1º™ para o seu bem-estar ou estar radicalmente vivo ou viva. Pode ser tão simples como se sentar na varanda e aproveitar o sol. O principal é ter uma prática que funcione para você e deixar que ela mude à medida que você muda – uma prática diária – de comunicar com o seu corpo, e descobrir em que se quer focar naquele dia ou criar daqui em diante. Temos uma forma engraçada de esquecer, portanto, a repetição e a ação farão com que você se lembre dos quatro Cs — Colocar, Comprometer, Colaborar, Criar. Todas as manhãs eu me coloco em primeiro lugar. Eu me comprometo com isso todas as manhãs, e o universo colabora comigo e cria essa realidade para mim e comigo, e eu o faço por mim. Portanto, estou pronta para continuar o meu trabalho no resto do dia. Nunca sou uma vítima, sou sempre uma força criadora e uma criadora consciente com o meu incrível corpo em mudança.

2. A CAIXA DO UNIVERSO

Não precisamos "fazer" tudo sós, e essa prática nos lembra disso. No mínimo, isso pode o ou a afastar do modo de pensar ou planejar em demasia. Os milagres acontecem e, sim, às vezes basta pedir. Por que não deixa o universo colaborar com você?

Para esta Mudança de 1º™, escreva o que você quer criar ou deseja e depois coloque o papel na sua Caixa do Universo. Pense nisso como um caldeirão borbulhante. Você sabe o que está cozinhando e só precisa de o mexer ocasionalmente. Dou energia ao meu desejo sabendo que ele está lá dentro, mas não o leio nem lhe presto atenção todos os dias. Não sei quando vai surgir, mas sei que vai surgir.

3. LARGANDO AS ENERGIAS DE OUTRAS PESSOAS

Se sente consigo durante cinco a quinze minutos e pense nas seguintes questões:

Que crenças estou pronto ou pronta para deixar?

Que preconceitos sobre o meu corpo deixei ocorrer?

Que personalidade me tornei que não é a minha verdade?

Então, peça desculpas ao seu corpo por assumir a energia de outras pessoas e não o escutar. Você também pode escrever uma carta ao seu corpo e depois a queimar ou ler a um amigo que não o ou a vai julgar por isso. Ou dê um passeio na floresta e grite em plenos pulmões que você não vai mais deixar que outras pessoas tomem conta do seu corpo. Se solte da maneira que lhe for boa. Basta começar onde você está e começar hoje. Tranque a porta dos fundos, se mantenha firme e diga: "Não. Vou dizer que não."

4. ENCONTRE A GRATIDÃO

Adoro momentos de gratidão. Um meu favorito é dizer a alguém – seja a sua cara-metade, um amigo ou até um conhecido – três coisas pelas quais você está grato ou grata. É uma forma maravilhosa de terminar o seu dia e, particularmente com um cônjuge ou cara-metade, pode fortalecer a sua relação e os conectar com um mundo maior.

Outro ritual é reconhecer e ter gratidão pelas escolhas que você fez antes, quando você estava estagnado ou estagnada ou estava retendo algo no seu corpo, e agora você está livre. Começo isso respirando até ao meu corpo e agradecendo, permitindo que ele me dê a consciência de algo pelo qual sou grata. Como há sempre um presente oculto no padrão de contenção, tragédia, trauma, sabotagem, limitação ou dor, você também pode perguntar diretamente ao seu corpo:

Qual é a melhor parte disso?

Qual é o presente nisso?

O que o torna tão valioso?

O que me dá?

O que me está ensinando?

O que estou aprendendo?

Depois, reconheça que está feito e que você escolheu diferente. Agradeça ao seu corpo pela conscientização e agradeça às pessoas e aos intervenientes na sua parte dessa lição. Você já não precisa estar na lição. Honre a sua experiência. Esteja grato ou grata e faça uma mudança de um grau e siga em frente.

5. SE O SEU CORPO PUDESSE FALAR NO SEU DIÁRIO

Na maior parte dos diários, é tudo sobre si. Mas neste ritual, é sobre o seu corpo, portanto, deixe o seu corpo falar. O que o seu corpo diria? É isso que você quer descobrir. Escreva do ponto de vista do seu corpo, em vez de escrever: "Eu odeio meu corpo", você escreveria: "O meu corpo odeia [preencha o espaço em branco]". Para começar, acho útil começar escrever: "Se o meu corpo pudesse falar, ele diria..." e depois é só deixar fluir.

Se o meu corpo pudesse falar, diria...

estou zangando com você por me empanturrar de comida.

estou zangado com você por não me dar água suficiente.

estou zangado com você por fazer sexo com essa pessoa que trata você atrozmente.

estou zangado com você por permanecer nesse relacionamento quando eu disse que não me sinto bem perto dessa pessoa.

6. MOVENDO A ENERGIA

Acho que quando estou de mau humor e as dúvidas não me saem da minha mente, o meu corpo se sente mais pesado, denso e inchado. Se eu tenho uma ideia e não avanço com ela, o meu corpo incha. Por outro lado, se eu fizer algo com ela, o meu corpo parece mais delgado e menos inchado. A gordura é a energia usada contra nós. Ela armazena as nossas limitações e cria a densidade e o peso no corpo, o que vira a nossa mente contra o nosso corpo. Assim, enquanto quase qualquer ritual de investigação acerca do que está acontecendo mudará a sua energia, às vezes o seu corpo precisa e quer exercício puro - movimento físico. Pode ser qualquer coisa, desde meditar a andar até ioga ou musculação. O foco aqui é reconhecer que, por mais que você mova a energia, interna ou externamente, a vinda para o presente tem o poder de produzir mudanças profundas. É um benefício colateral que o peso do seu corpo muitas também vezes muda.

À medida que você se move tendo mais consciência do seu corpo, espere também que as coisas mudem. Espere o que você deseja mudar. Espere que o que você come mude. Espere que o que você se envolve mude. Espere que tudo mude. Pois esse é o objetivo. Você está mudando. Portanto, decida abrir mão e mudar e permitir que o seu corpo da mudança atue.

EXERCÍCIOS

Um dos objetivos deste capítulo é disponibilizar práticas que você possa integrar na sua própria vida e no seu próprio corpo. Aqui está uma recapitulação das sugestões para realizar como "exercícios":

1. Implemente a sua própria prática de uma Estação de Criação™. Este pode ser um momento diário para ler cartões inspiradores ou passagens de livros e, depois, escrever no seu diário acerca deles para limpar a sua mente e reorientar o seu pensamento.

2. Crie a sua própria Caixa do Universo. Ela pode ser chamada de qualquer nome que funcione para você. Você pode optar por a decorar de uma forma que também lhe seja atrativa. Crie e deixe cair pequenas cartas conforme você imagina coisas que deseja manifestar na sua vida. Pode ser uma nova carreira, começar um

relacionamento, deixar de lado a raiva de uma pessoa na sua vida, e a lista é interminável. A Caixa do Universo é o seu canal privado para compartilhar as suas perguntas para o universo.

3. Identifique os sentimentos no seu corpo que indicam que está assumindo os problemas ou a energia negativa de outras pessoas. Aprenda a os reconhecer e crie um processo para se afastar deles. Se o seu corpo fica tenso e surgem dores aleatórias, então, pode ir um lugar tranquilo, fechar os olhos e repetir uma declaração ou mantra para se lembrar de que não precisa assumir os problemas dessas pessoas. A respiração profunda e o alongamento também podem fazer parte do seu ritual, e na sua expiração forte imagine a energia negativa saindo do seu corpo.

4. Abrace a gratidão diária. Um calendário com uma semana em duas páginas pode ser uma ótima forma de anotar pelo menos três coisas pelas quais você está grato ou grata a cada dia. Usar um calendário ajudará você a acompanhar a conclusão desse processo todos os dias, além de achar útil voltar e reler a sua gratidão passada.

5. Escreva no seu diário usando a frase "Se o meu corpo pudesse falar, ele diria..." Esse tipo de

diário ajudará a se reconectar com o que seu corpo está sentindo, em vez de ignorar as mensagens que ele lhe tenta enviar.

6. Crie uma prática de movimento físico para soltar energia. Pode ser um passeio ao ar livre, dançar na sala de estar ou socar um travesseiro. Dê a si mesmo permissão todos os dias para deixar de lado a negatividade que se acumula dentro do seu corpo.

7. Diga estas três afirmações em voz alta várias vezes por dia:

8. "Ótimo trabalho, você! Ótimo trabalho, Corpo!"

9. "Vocês os dois são incríveis!"

10. "Agora ambos, VÃO SER SUBLIMES!"

6

O SEGREDO PARA A CURA

"Cada CORPO tem um guia diferente, e ao nos tornarmos íntimos com o que nosso próprio corpo está pedindo, liberamos o nosso médico interior. É através deste nível de nutrição ao longo do nosso dia a dia, que a regeneração das células prolifera."

— *GAY HENDRICKS*

Ernest Holmes, um líder do Novo Pensamento e fundador da Ciência Religiosa, escreveu na sua obra clássica, *A Ciência da Mente*, que a "definição principal de curado é 'cuidado'". Ele afirma: "Enquanto qualquer célula estiver viva, o que significa que enquanto uma pessoa estiver viva, as células do corpo respondem aos cuidados". Uma noção tão simples, mas que, de alguma forma, nos tornamos uma sociedade que foge da palavra "cura". Se compreendêssemos mais completamente, porém, o que significa "cuidado" e o aplicássemos a nós mesmos, estaríamos muito mais próximos da verdade da cura.

Tenho uma planta ao lado da minha mesa. É a única planta que consegui manter viva. No primeiro ano que eu frequentei os AA, eles disseram para obter plantas e ver se você as consegue manter vivas, depois arranjar um cachorrinho, e depois um relacionamento. Vê a tendência? Por quê? Porque você está aprendendo a estar consigo. Você está aprendendo a estar consigo pela primeira vez, sem nenhuma solução mágica, drogas, álcool, o que quer que seja. Você começa por estabelecer uma relação com uma planta. É preciso prestar atenção. Você tem de a regar. Você tem de a podar. Você tem de retirar as folhas mortas. Quando você está bebendo álcool ou usando drogas ou qualquer outra coisa para se anestesiar, você não está prestando atenção a nada. Você está noutro mundo completamente diferente. E você fica muito egocêntrico ou egocêntrica e narcisista com crise após crise, estando constantemente resolvendo problemas.

Ao cuidar da minha planta, aprendi que há pesquisas científicas que, se você falar com plantas, elas vivem mais. Eu decidi, *por que não falar com o meu corpo?*

Então, comecei tendo conversas com ele. Se eu estivesse em casa, desligava a música e ficava comigo mesma, ou no caminho para o trabalho no meu carro eu fingia que o meu corpo estava no banco ao meu lado e perguntava: "Como está você?" O efeito foi profundo. Esse questionamento simples, mas direto, começou a quebrar a rigidez do meu mundo que me fazia separar do meu corpo e não em termos amigáveis.

FAZENDO AMIZADE COM VOCÊ

O corpo da mudança é realmente a energia de você se amar, ser um bom amigo de si, se afastar de qualquer outra realidade energética psíquica que afirme: "Se você tem isso [certificação, treinamento, dinheiro, realização, reconhecimento ou pertence a este grupo, preencha o espaço em branco] isso significa que você é bom ou boa e é de valor". Não importa as mudanças que você faz quando ainda tem um programa correndo em segundo plano e você não se valoriza ou acredita que merece e é digno ou digna de algo. Até que esses programas mudem, você é a energia dessa indignidade, quer você tenha conhecimento disso ou não. É como ter uma estrutura física dentro do seu corpo chamada "eu não mereço". E é exatamente isso que vai se refletir para você em todos os seus relacionamentos. E nada mudará essa realidade básica – nada que alguém diga, ou faça, nenhuma quantidade de educação, treinamento ou certificação de licenças, nenhum montante de dinheiro, nada vai mudar se você não mudar essa crença fundamental acerca de si.

Num dado momento, você chega ao ponto em que deve ter uma certa dose de respeito e consideração por si. A forma conforme você se encara determina a maneira como você enfrenta o mundo e a maneira como ele reage a você. Em imensos textos espirituais, aconselham você a amar os outros como você se ama. Portanto, o quanto você ama o que você é? Me lembro de quando meu primo Johnnie, que escolheu permanecer sóbrio três anos antes de mim, me disse (você tem de imaginar isso numa voz grosseirona de Nova Jersey, à Tony Soprano): "Lisa, o que quer que você faça, seja simplesmente uma boa amiga para si mesma. E basta." Eu nem sabia o que isso significava. Eu não fazia ideia de como, então comecei simplesmente me fazendo esse tipo de pergunta acerca de tudo o que eu estava fazendo:

1. *Isso é ser bom amigo para mim?*
2. *Se eu comer isso, isso é ser bom amigo para mim?*
3. *Se eu não vou à academia, isso é ser bom amigo para mim?*
4. *Se eu sair com essa pessoa, isso é ser bom amigo para mim?*

5. *Se eu namorar essa pessoa, isso é ser bom amigo para mim?*

6. *Se eu arranjar um cachorrinho, isso é ser bom amigo para mim?*

7. *Se eu arranjar uma planta, isso é ser bom amigo para mim?*

8. *Eu realmente quero continuar fazendo isso? Isso é ser bom amigo para mim?*

É tão fácil para a gente pensar, *Oh, eu amo isto. Oh, e eu amo aquilo.* Mas se perguntar se você se ama a si? Isso é mais difícil. Eu não tinha nenhum ponto de referência para o fazer. Eu dependia da visão que os outros tinham de mim para determinar o meu valor. Se questionar dessa forma momento a momento ajuda a estar à sua frente para que você se possa observar com mais clareza. Você pode olhar para isso de uma perspectiva que você valoriza. Se você valoriza se amar a si, mesmo que nunca se tenha amado, então você pode fazer uma nova escolha e saber que vai mudar tudo.

No início, é uma boa ideia fazer perguntas constantemente, acerca de tudo o que você está fazendo ou considerando, até mesmo a um nível mais mundano. Por exemplo, eu não cozinho. Não costumo entrar na cozinha e preparar algo para mim. Eu gosto de ter pessoas que amam preparar refeições que o meu corpo gosta para mim com antecedência, para estarem na geladeira à minha espera. Tudo o que eu quero fazer é esquentar as refeições. No passado, eu não prestava atenção e comia o que estivesse disponível. Eu não me estava cuidando o suficiente para dar o que meu corpo precisava para me sustentar e nutrir. Comer era deixado ao acaso, e eu logo acabava comendo porcarias sem sequer me dar conta.

Quando você começa a ter sucessos, vai ficar mais claro o que você quer. Você começará a saber o que é e o que não é ser um bom amigo para si. Há algum tempo, eu tinha uma assistente pessoal/cozinheira pessoal que era muito divertida, mas que também bebia e se esquecia do que fazer. Quando se esquecia, ficava irracional. Na minha cabeça eu pensava, *Eu conheço este comportamento. Eu sei do que se trata. Eu realmente amo essa pessoa. Nós nos divertimos muito juntas e eu amo a comida dela.* Então, eu a mantive por mais um tempo até que se tornou realmente insuportável para mim. Percebi que não estava sendo uma boa amiga para mim.

Fiz a mudança e a deixei partir. Mesmo depois, eu fiquei tentada em a trazer de volta "apenas por um ou dois meses até encontrar alguém". Mas quando eu perguntava: "Você está sendo uma boa amiga para si?" Eu sentia a energia no meu corpo, que era algo como: "Não, diacho, não volte". A pergunta passou para a consciência no meu corpo e o meu corpo me informou do que tinha de fazer. Claro, a minha mente argumentou: "Oh Deus, eu sinto falta dela", ao que eu diria: "Parece bom, mas não, você sabe como vai acabar, você sabe o que vai acontecer". Não o faça. Basta seguir em frente e fazer essa Mudança de 1º™! *Não sei como... Sei que acontecerá. Universo, me mostre...*

Quando Me Amei de Verdade

Quando me amei de verdade, pude perceber que a minha
angústia, o meu sofrimento emocional,
não passa de um sinal de que estou indo contra a minha
verdade.
Hoje sei que isso é AUTENTICIDADE.
Quando me amei de verdade, comecei a perceber como
posso ofender alguém.
Tentar forçar os meus desejos nessa pessoa, mesmo
sabendo que o momento
não é certo ou a pessoa não está preparada,
e mesmo essa pessoa sendo eu próprio.
Hoje chamo isso RESPEITO.
Quando me amei de verdade, parei de desejar que a
minha vida fosse diferente
e comecei a ver que tudo o que acontece
contribui para o meu crescimento.
Hoje chamo isso AMADURECIMENTO.
Quando me amei de verdade, compreendi que em
qualquer circunstância,
eu estava no lugar certo, à hora certa,

e que tudo acontecia no momento exato.

E então, pude relaxar.

Hoje chamo isso AUTOCONFIANÇA.

Quando me amei de verdade, deixei de temer o meu tempo livre

e desisti de fazer grandes planos, abandonei os projetos megalômanos para o futuro.

Hoje só faço o que me traz alegria e felicidade.

o que amo fazer e o que faz o meu coração palpitar

e faço do meu jeito e ao meu próprio ritmo.

Hoje chamo isso SIMPLICIDADE.

Quando me amei de verdade comecei a me livrar de tudo que

não é saudável – comida, pessoas, objetos, situações

e tudo que me pusesse para baixo e me afastasse do meu verdadeiro ser.

De início denominei essa atitude de egoísmo.

Hoje sei que isso é AMOR-PRÓPRIO.

Quando me amei de verdade, desisti de querer sempre ter razão

e, com isso, errei muitas menos vezes.

Hoje descobri que isso é HUMILDADE.

Quando me amei de verdade, desisti de ficar revivendo o passado

e de me preocupar com o futuro.

Agora, me mantenho no presente, que é onde TUDO acontece.

Hoje vivo um dia de cada vez, e chamo isso PLENITUDE.

Quando me amei de verdade, percebi que a minha mente
me pode atormentar
e me pode adoecer. Mas quando a coloco a serviço do meu
coração,
ela se torna uma grande e valiosa aliada.
Não necessitamos mais de temer discussões, conflitos,
ou qualquer tipo de problemas conosco ou com os outros.
Até as estrelas colidem, e a partir dessa colisão, novos
mundos surgem.
Hoje, sei que ISSO É A VIDA!
(Este poema foi atribuído a Charlie Chaplin, mas o
mesmo não foi confirmado.)

O que é essencial entender é que o retorno mais profundo a si vem através da cura da sua relação consigo e com os outros. Para o fazer, você tem de desenvolver o poder da distinção para determinar posteriormente "o que é meu" e "o que é deles" – o que é interno e o que é externo a você. Demorei demasiado tempo para tornar a minha relação com a minha mãe mais leve e recuperar essa parte de mim. Quando era criança, só recebia dela tareias e agressões verbais. E o ódio dela, o amor artificial.

Mas as crianças vão atrás do que precisam. E sobrevivi tendo o amor da minha mãe sendo a "pobre Lisa", que fazia tudo errado e era expulsa da sala de aula. Eu lhe dava o que ela queria para chamar a atenção, e a atenção que eu recebia era um tapa, uma pancada, uma surra. Era tudo o que ela me podia dar. Eu era uma miúda bastante inteligente para aquelas circunstâncias. Era assim que eu tinha que ser naquela época.

"A compaixão por mim mesmo é a cura mais poderosa de todos."

— *THEODORE ISAAC RUBIN*

A autocompaixão é uma forma de amor-próprio. Não importa quais mudanças você faça, ou quantas dicas, truques ou competências – até mesmo no meu caso, competências psicológicas – você tenha, isso não significa que você gosta de si. No entanto, no final das contas, isso é algo determinante. Se você tem o programa, a fita rodando em segundo plano, de não se amar ou se valorizar, a vida vai parecer uma luta constante. Você se torna a energia disso sem sequer saber. E se torna a estrutura física que se designa pelo seu corpo.

No início, faça a si a pergunta: "Se eu fizer isso, isso é ser bom amigo para mim?" exige esforço para você se lembrar, pois você não tem nenhum trilho neural estabelecido no seu cérebro. Ou pode parecer desconfortável ou esquisito. Mas, eventualmente, o hábito se gera e você começará a ter sucessos. Você vai começar a saber o que você quer e o que é ser um bom amigo. A pergunta se integra e passa a fazer parte da consciência no seu corpo. Você nem precisará de se perguntar ou pensar acerca disso. Essa nova ideia vai passar a fazer parte da sua vida.

Por exemplo, enquanto eu fazia esse trabalho, enormes quantidades de peso saíram de mim sem fazer dieta, nem sequer tentar. Parei de desejar alimentos que não eram bons para mim. Eu queria me exercitar. O seu corpo irá se locomover e lhe dirá que se tornou algo diferente. Você simplesmente se torna nisso. Inicialmente é difícil pois você está desaprendendo o que nunca aprendeu e nem sequer estava ciente. Mas uma vez que você se conscientize com o que é bom para você, sendo aquele amigo que faz você feliz, e escolhendo por você, você vai começar a criar essa força dentro de você e confiar em si.

Quando você vive na percepção de que o amor-próprio está no coração da sua verdadeira natureza, você nunca se sentirá solitário ou solitária... e você nunca mais estará só.

EXERCÍCIO

1. Comece cada manhã perguntando a si: "O que vou fazer hoje que é ser bom amigo para mim?"
2. Ao confrontar escolhas ou sentir uma incerteza ao decidir, pergunte: "Se eu fizer isso, isso é ser bom amigo para mim?"
3. Quando você estiver falando consigo, pergunte: "É assim que eu falaria com um amigo que precisa de ajuda?"

7

RECONEXÃO E PLENITUDE

"A habilidade de perceber o corpo interior vai gerar um modo de vida novo, um estado de conexão permanente com o Ser, e trazer uma profundidade à sua vida que você jamais imaginou."

— ECKHART TOLLE

Imagine acordar com leveza, feliz por viver e com curiosidade para ver o que mais é possível para esse dia. Do início ao fim, o seu dia está recheado de escolhas com base nos seus desejos. E a partir desses desejos, tudo é possível pois você incorpora a possibilidade. Você é um ímã gerador e criativo. As pessoas adoram estar perto de você. Você muda a energia de tudo à sua volta apenas por ser você. As suas relações são baseadas na comunhão, na harmonia. São divertidas, *fáceis,* alegres e mútuas. O seu corpo está saudável e vibrantemente vivo. Você está com imensa energia. Você tem um brilho especial. O seu negócio está florescendo, e os seus colaboradores riem e se juntam a você no que você está criando. A vida é uma aventura alegre. O riso e a leveza infundem o seu corpo. É uma surpresa sentir tal aliança consigo. As pessoas perguntam o que você fez para mudar e você responde: "Eu me coloquei em primeiro lugar. Eu me comprometi comigo. Colaborei com o universo e permiti que ele respondesse, e criei o que sabia que era possível."

Isso descreve a vida que está esperando que você a escolha. E todas as suas adversidades e dores, as suas tragédias e traumas, todo o seu sofrimento, são na verdade as suas possibilidades de se conectar com a consciência de quem você é. Quando você pode explorar a sua realidade e deixar de lado as crenças subjacentes que sustentam essa realidade, um novo mundo se abre com novas formas de avançar em direção a qualquer coisa que você deseje. De repente, o que nunca teve solução tem infinitas soluções. O que sempre o ou a atormentou sumiu. Isso não quer dizer que possa não voltar, mas não voltará da mesma forma. E você e seu corpo são os escolhidos para mudarem e se comprometerem totalmente com as suas Mudanças de 1º™.

O que quer que esteja vindo no presente que está lhe enlouquecendo é algo acerca duma decisão passada que você tomou. Só você pode "desen-louquecer" você. Você é a chave para abrir a porta e sair desse estado e seguir em frente com a sua vida, vivendo uma vivacidade radical com essa leveza no seu passo. E começa com entrar no seu corpo e na sua consciência. Quando você se liberta da jaula do eu inconsciente, das crenças inconscientes, o mal-estar deixa o seu corpo. Todas as células do seu corpo passam a ser mais saudáveis. A mudança profunda pode literalmente mudar o seu corpo estruturalmente, até mesmo os seus ossos – pois cada pensamento de preconceito que você teve acerca de si que envolveu a sua estrutura esquelética celular desaparece. O que você pensa forma o seu corpo.

Você é um corpo da mudança. O seu corpo é um dom que lhe oferece a possibilidade de viver sem limites. Todos os dias você, e o seu corpo, podem mudar, e basta uma escolha para provocar essa mudança, uma Mudança de 1º™ – estar em comunhão e comunicação com o seu corpo. Está hora de reconhecer o brilhantismo de você como um ser, uma impressão de alma com uma assinatura espiritual única, e você pode pedir ao seu corpo para criar e combinar o brilho e a beleza disso.

"O espírito humano tem zero limites. O único limite para a grandeza é dizer a si mesmo que não."

— JAMES LAWRENCE, O "IRON COWBOY"

A liberdade é uma função das suas crenças. Quando você descobre as crenças que o ou a impedem de sair do mesmo lugar, isso o ou a libertará num instante – embora chegar à verdade exija escolha, compromisso, colaboração e criação. E você não necessita saber como no início. *Não sei como... Sei que será.* Confie no caminho a seguir à *medida* que avança. Há liberdade no desapego – se chama *diversão* e a aventura de ser um corpo.

"Assim que você confiar em si mesmo, saberá viver."

— GOETHE

Às vezes, o mais difícil de mudar é abraçar a sua alegria. Abraçar tudo de bom. Abraçar os sucessos. Abraçar não ter problemas. Abraçar a beleza da sua própria impressão de alma. Não importa quanto trabalho você faça, você tem de aprender a viver com você. Sem muletas, simplesmente você – é a verdade nua e crua. Pode parecer estranho. Você se pode sentir nu. Mas você também se vai sentir bem. Alguns dos seus amigos vão continuar gostando de você, e outros não. Há pessoas que podem sumir, e você ficará melhor. À medida que você se torna mais congruente com a impressão da sua alma, o seu mundo refletirá isso de volta para você. No início, nos experienciamos como separados e vemos o nosso corpo como uma entidade separada, mas, na realidade, estamos conectados a todas as coisas, e o corpo carrega isso. À medida que deixamos de lado nossos preconceitos, tudo começa a mudar. Começamos a ver tudo com clareza e a agir com clareza, atrair coisas diferente, acreditar de forma diferente.

"Não precisamos de fabricar presença incondicional pois ela já está lá, tal como o sol, por trás das nuvens da nossa mente ocupada, e embora nademos neste mar de pura consciência, necessitamos estar cientes da nossa mente ocupada que está constantemente saltando de ilha em ilha, de pensamento em pensamento, pulando sob e através dessa consciência, que é o seu chão, sem nunca vir a descansar ali."

— DR. JOHN WELWOOD

O ser que você é nunca pode ser quebrado. A nossa marca anímica e a possibilidade de uma vivacidade radical estão presentes em cada um de nós, no nosso próprio ser, mas exige que entremos em sintonia com a nossa energia e consciência. Reconhecemos possibilidades, mas ao mesmo tempo entendemos que não mudamos facilmente, nem devemos. Este trabalho tem a capacidade de o ou a satisfazer e energizar para ter mais criatividade do que alguma vez você imaginou. Quando você encontra o fio do presente para o passado e o muda, e no processo se liberta da tirania de crenças inconscientes de longa data, você fica inteiramente presente e encarnado. Cada partícula de energia do seu corpo é livre. É assim que estamos radicalmente vivos, e passamos do problema à possibilidade.

Esse é o seu corpo da mudança. A acumulação de centenas, milhares, milhões e bilhões e além da Mudança de 1º ™ todos os dias. Isso cria a sua vida, vivência, corpo, internamente e externamente, congruente e radicalmente vivo. O seu corpo agora conduz seu conhecimento com facilidade.

Agora, pratique o seguinte: (quanto mais você o fizer, mais em união estará com o seu corpo)

Feche os seus olhos

Coloque a mão no seu timo e osso púbico

Respire pela sua boca, sinta os seus pés no chão, as costas na cadeira e as mãos no seu corpo

Expanda e toque os quatro cantos da divisão em que você está sentindo os seus pés no chão.

Expanda para os quatro cantos da cidade em que você está.

Expanda para os quatro cantos do estado em que você está.

Expanda para os quatro cantos do país em que você está.

Expanda para os quatro cantos da terra, como se houvesse quatro cantos da terra.

Expanda para os quatro cantos, se houver, do universo...

Observe o seu corpo

Peça a três moléculas que se apresentem e mude a polaridade dessas moléculas para o que você mudou ao ler este livro. É enérgico. Deixe partir.

Agora peça a três moléculas adicionais para se apresentarem e soltarem o "peso" do que você não tinha consciência. É enérgico. Deixe fluir.

Agora peça a três moléculas adicionais para mudar a

polaridade e girar essas moléculas para criar o corpo da mudança que você é agora. É enérgico. Deixe você ser.

Repita quantas vezes o seu corpo desejar.

Afirme em voz alta:

"Eu mudei!"

"Eu sei que mudei!"

"Eu sei que mudei pois o meu corpo é um CORPO da mudança."

"Obrigado, Corpo."

"Obrigado, Universo."

"Obrigado, Eu."

"Eu sou, LIVRE."

Se ninguém disse ao seu corpo hoje que ele é amado, adorado, nutrido, acarinhado, honrado e respeitado, ele é *agora*! Você lhe disse!

Se ninguém disse a *você* hoje eu *amo você*, eu amo!

Não sei como... Sei que será.

Estou grato(a) e me sinto realizado(a), e assim é!

Vá SER sublime!

AGRADECIMENTOS

Mi amor, o amor que você compartilha e dá todos os dias, torna tudo possível. O meu amor por você é para *siempre*! Os nossos corpos dançam a sinfonia de sermos amados, adorados, nutridos, acarinhados, honrados e respeitados. O amor que você me presenteou está além do que as palavras possam descrever e a nossa relação une dimensões, vidas e realidades. Estou superhonrada de estar nessa jornada com você. Você, as crianças e a família são o meu mais precioso bem e me enchem de imensa alegria e felicidade de fazer parte de tudo isso. O seu amor e a sua autêntica bondade evocaram o meu verdadeiro coração, mente, espírito, alma e corpo. Estou grata todos os dias pelo raio luminoso de Deus ter direcionado você para mim e eu me ter debruçado e dito SIM. A melhor escolha de sempre.

PART II

O CORPO DA MUDANÇA: LIVRO DE EXERCÍCIOS

INTRODUÇÃO

Bem-vindo ao livro de exercícios O Corpo da Mudança! Este guia é seu companheiro em uma jornada transformadora de autodescoberta. Cada exercício foi cuidadosamente elaborado para aprofundar sua conexão com seu eu interior, capacitá-lo a romper barreiras e abraçar seu caminho único rumo à plenitude. Dedique tempo a cada seção, reflita profundamente e lembre-se: esta apostila é seu santuário pessoal para crescimento e exploração.

8

DESCOBRINDO A IMPRESSÃO DE SUA ALMA

EXERCÍCIO: REFLEXÃO SOBRE A ALMA

Objetivo: Identificar e articular sua assinatura espiritual exclusiva.

INSTRUÇÕES:

Preparação:

Encontre um espaço sereno onde você não seja perturbado. Sente-se confortavelmente, feche os olhos e se estabilize concentrando-se em sua respiração. Inspire profundamente e depois expire completamente, liberando a tensão a cada respiração.

Meditação:

Passe 10 minutos em meditação, concentrando-se apenas na respiração. Quando surgirem pensamentos, redirecione suavemente sua atenção para a respiração. Permita que sua mente vagueie por momentos de sua vida em que você se sentiu vibrantemente vivo e conectado a algo maior do que você.

Reflexão:

Após a meditação, abra os olhos e reflita sobre esses momentos. Anote pelo menos três experiências que ressoem em você - momentos de profunda alegria, paz ou conexão.

Conectar-se a si mesmo:

Para cada experiência, explore como ela se relaciona com seu senso de identidade e propósito na vida. O que esses momentos revelam sobre sua verdadeira natureza e a assinatura espiritual única que você carrega?

Espaço de reflexão:

(Seus pensamentos e reflexões ficam aqui)

9

IDENTIFICAÇÃO DE BARREIRAS

EXERCÍCIO: REGISTRE SEUS OBSTÁCULOS EM UM DIÁRIO

Objetivo: Reconhecer as distrações e as barreiras à sua criatividade.

INSTRUÇÕES:

Autoavaliação:

Reserve um momento para refletir sobre o que pode estar impedindo sua criatividade. Que pensamentos recorrentes, crenças ou fatores externos impedem seu progresso ou expressão criativa?

Liste suas barreiras:

Crie uma lista abrangente desses obstáculos, desde desafios internos, como o autojulgamento ou o medo do fracasso, até pressões externas, como restrições de tempo ou expectativas da sociedade.

Reflexão sobre o impacto:

Para cada barreira, escreva uma breve reflexão sobre como ela afeta sua vida. Considere como ela aparece em suas rotinas diárias, processos de tomada de decisão e relacionamentos.

Plano de ação:

Escolha uma barreira para se concentrar nesta semana. Anote as etapas específicas para superar ou atenuar sua influência - isso pode envolver a mudança de um hábito, a busca de apoio ou a reformulação de sua mentalidade.

Acompanhamento:

No final da semana, reveja a barreira escolhida. Reflita sobre o progresso que você fez e sobre os insights que obteve.

Espaço para reflexão:

(Seus pensamentos e reflexões ficam aqui)

ENVOLVIMENTO COM A SABEDORIA DO SEU CORPO

EXERCÍCIO: PRÁTICA DE CONSCIENTIZAÇÃO CORPORAL

Objetivo: Sintonizar-se com os sinais de seu corpo.

INSTRUÇÕES:

Prática diária:

Dedique 5 minutos por dia para praticar a consciência corporal. Escolha um horário tranquilo, seja pela manhã ou antes de dormir.

Escaneamento do corpo:

Sente-se confortavelmente, feche os olhos e examine seu corpo lentamente da cabeça aos pés. Preste muita atenção às sensações, tensões ou áreas de relaxamento, sem julgamentos.

Observação e percepção:

Observe todas as áreas que mantêm tensão ou desconforto. O que essas sensações podem revelar sobre seu estado emocional ou mental? Registre suas observações diariamente, observando padrões ou mudanças ao longo do tempo.

Conectando os pontos:

No final da semana, revise suas anotações. Reflita sobre o que seu corpo comunicou a você. Como essas sensações se relacionam com suas emoções, pensamentos ou experiências?

Espaço de reflexão:

(Seus pensamentos e reflexões ficam aqui)

11

CURANDO A DESCONEXÃO

EXERCÍCIO: A TÉCNICA ROAR

Objetivo: Usar a técnica Roar® para liberar bloqueios emocionais.

INSTRUÇÕES:

Encontre seu espaço:

Identifique um espaço privado e seguro onde você se sinta desinibido - seu quarto, um local tranquilo ao ar livre ou qualquer lugar onde não será incomodado.

Centralize-se:

Fique de pé e respire fundo, ancorando-se no presente. Sinta seus pés no chão e seu corpo alinhado.

O rugido:

Quando estiver pronto, respire fundo e solte um "rugido" alto e poderoso. Esse rugido é sua expressão de frustração, dor ou bloqueios emocionais. Libere-o totalmente e sem reservas.

Afirmação:

Após o rugido, respire profundamente. Em vez disso, afirme o que você quer abraçar, como "Eu abraço minha força" ou "Eu recebo a paz em minha vida".

Reflexão:

Escreva em um diário sobre como esse exercício o fez se sentir. Que emoções vieram à tona durante o rugido? Como a afirmação mudou sua energia? Reflita sobre quaisquer mudanças em sua mentalidade ou estado emocional.

Repita conforme necessário:

Você pode revisitar esse exercício sempre que precisar liberar emoções reprimidas.

Espaço de reflexão:

(Seus pensamentos e reflexões ficam aqui)

12

PRÁTICAS DIÁRIAS DE RECONEXÃO

EXERCÍCIO: QUATRO ES E QUATRO CS

Objetivo: Implementar práticas diárias para se reconectar consigo mesmo.

INSTRUÇÕES:

Os Quatro Es:

A cada dia, escolha um dos Quatro Es para se concentrar:

Abraçar: Aceitar e amar a si mesmo como você é.

Examinar: Refletir sobre seus pensamentos, sentimentos e comportamentos.

Incorporação: Viver seus valores e sua verdade em suas ações diárias.

Expansão: Crescer além de suas limitações atuais e explorar novas possibilidades.

Aplicação:

Ao longo do dia, aplique conscientemente o E escolhido em seus pensamentos, ações e interações. Observe como isso influencia suas escolhas e seu relacionamento consigo mesmo.

Reflexão diária:

No final de cada dia, anote suas experiências. Como o fato de se concentrar nesse E afetou seu dia? Que percepções ou desafios surgiram?

Resumo do final da semana:

No final da semana, revise suas reflexões. Faça um resumo de suas percepções e anote quaisquer mudanças de perspectiva ou comportamento. Como essa prática o ajudou a se reconectar consigo mesmo?

Os quatro Cs (opcional):

Como uma expansão, explore os Quatro Cs: Clareza, Coragem, Comprometimento e Compaixão. Integre-os em sua prática diária de uma forma que pareça natural e que apoie seu crescimento.

Espaço de reflexão:

(Seus pensamentos e reflexões ficam aqui)

13

FAZER AMIZADE COM VOCÊ MESMO

EXERCÍCIO: CARTA DE AUTOCOMPAIXÃO

Objetivo: Cultivar um relacionamento amoroso consigo mesmo.

INSTRUÇÕES:

Prepare o cenário:

Encontre um espaço calmo e confortável onde possa escrever sem ser perturbado. Acenda uma vela, toque uma música suave ou crie um ambiente acolhedor.

Escrever a carta:

Escreva uma carta para si mesmo como se estivesse se dirigindo a um amigo querido que está passando por um momento difícil. Ofereça palavras de incentivo, compreensão e compaixão. Reconheça seus desafios e expresse empatia por suas dificuldades.

Afirmações positivas:

Inclua afirmações em sua carta. Lembre-se de seus pontos fortes, das conquistas anteriores e do progresso que fez. Incentive-se a continuar, mesmo quando o caminho for difícil.

Leitura em voz alta:

Quando terminar, leia a carta em voz alta. Preste atenção em como você se sente ao ouvir essas palavras compassivas dirigidas a você.

Guardar a carta:

Coloque a carta em algum lugar acessível, como em um diário ou em sua mesa de cabeceira. Revisite-a sempre que precisar de um lembrete de sua resiliência e autoestima.

Acompanhamento:

Considere a possibilidade de escrever novas cartas periodicamente durante períodos desafiadores para reforçar um relacionamento compassivo consigo mesmo.

Espaço de reflexão:

(Seus pensamentos e reflexões ficam aqui)

14

RECONEXÃO E INTEGRIDADE

EXERCÍCIO: VISUALIZAÇÃO DA INTEGRIDADE

Objetivo: Visualizar seu caminho para a integridade.

INSTRUÇÕES:

Preparação:

Encontre um espaço tranquilo para sentar-se ou deitar-se confortavelmente. Feche os olhos e respire fundo para relaxar o corpo e a mente.

Visualização guiada:

1. Visualize um momento em que você se sentiu

inteiro e completo. Pode ser um momento específico ou um período geral de sua vida.

2. Imagine o ambiente, as pessoas e as emoções associadas a essa época. Concentre-se nos detalhes que fizeram você se sentir conectado e realizado.

3. Agora, imagine sua vida atual impregnada desse mesmo senso de integridade e conexão. Visualize como é a sua vida diária quando você está totalmente em sintonia consigo mesmo.

4. Observe as emoções que surgem quando você visualiza esse estado de ser. Qual é a sensação de estar conectado a si mesmo e ao seu propósito?

Escrever a experiência:

Após a visualização, escreva os detalhes de sua experiência. Como é a plenitude para você? Como você pode convidar mais desse estado para sua vida?

Etapas de ação:

Identifique etapas acionáveis para se aproximar desse senso de integridade. Considere pequenas mudanças em sua rotina, mudanças de mentalidade ou um trabalho mais profundo de crescimento pessoal.

Prática contínua:

Revisite essa visualização regularmente para reforçar sua conexão com a integridade e guiá-lo de volta ao seu verdadeiro eu sempre que se sentir desconectado.

Espaço de reflexão:

(Seus pensamentos e reflexões ficam aqui)

CONCLUSÃO

Parabéns por ter concluído a apostila The Body of Change Workbook! Você deu passos significativos para aprofundar sua conexão consigo mesmo e abraçar a plenitude de seu ser. Lembre-se de que essa jornada é contínua e cada passo que você dá o aproxima de seu eu autêntico. Lembre-se de que essa jornada é contínua e cada passo que você dá o aproxima de seu eu autêntico.

Continue a revisitar esses exercícios, integre as percepções que obteve e honre o progresso que fez. Você é digno da mudança que busca. Continue seguindo em frente com coragem, compaixão e coração aberto.

BIOGRAFIA

A Dr.ª Lisa Cooney, Douto-
rada e Licenciada em Terapia
de Família e de Casais, é uma
especialista líder em transformação pessoal e recuperação
de traumas, com foco na
Terapia da Alma, Coaching
Pessoal e Transformação
Espiritual. Criadora da
inovadora Viva a Sua 
ROAR®, ela transformou a vida de milhares de pessoas,
ajudando a que superassem o abuso infantil e alcan-
çassem a sua "Realidade Orgasmicamente Animada
Radicalmente" (ROAR®). O trabalho da Dr.ª Lisa tem
profundas raízes na sua filosofia "Vou Conseguir...
Aconteça o que Acontecer!" e os princípios de se
colocar em primeiro lugar, se comprometer com o
crescimento, colaborar com o universo e criar a vida
que você sonha.

www.ingramcontent.com/pod-product-compliance
Lightning Source LLC
Chambersburg PA
CBHW071953150726
47999CB00001B/436